名家小史丛书

【图文版】

吕思勉 著

中国文字小史

山东画报出版社

图书在版编目（CIP）数据

中国文字小史/吕思勉著.—济南：山东画报出版社，2022.3
（名家小史丛书）
ISBN 978-7-5474-3927-2

Ⅰ.①中… Ⅱ.①吕… Ⅲ.①汉字—汉语史 Ⅳ.①H12

中国版本图书馆CIP数据核字（2021）第136127号

ZHONGGUO WENZI XIAO SHI
中国文字小史
吕思勉　著

责任编辑	赵祥斌
封面题字	刘楣洪
装帧设计	文渊社
出 版 人	李文波
主管单位	山东出版传媒股份有限公司
出版发行	山东画报出版社
社　　址	济南市市中区舜耕路517号　邮编250003
电　　话	总编室（0531）82098472
	市场部（0531）82098479　82098476（传真）
网　　址	http://www.hbcbs.com.cn
电子信箱	hbcb@sdpress.com.cn
印　　刷	唐山才智印刷有限公司
规　　格	145毫米×210毫米　1/32
	7.875印张　125千字
版　　次	2022年3月第1版
印　　次	2022年3月第1次印刷
书　　号	ISBN 978-7-5474-3927-2
定　　价	39.00元

名家撰小史 神笔写春秋

百余年前,国运衰微,列强环伺,中华民族到了生死存亡的关头。在这种情势下,从"闭关锁国"到"开眼看世界",许多有识之士怀抱"借西方文明之学术以改良东方之文化,必可使此老大帝国,一变而为少年新中国"(容闳语)的理想,开始正视西学,有意识且积极全面地向西方学习,将之视为可与"中学"对等的学术思想,探讨二者之优点并有机结合以帮助国家富强。

随着新式学堂的创办,留学教育方兴未艾,"西学东渐"的客观态势业已形成,西方学术思想在中国这块古老的东方大地上得到广泛传播,同时推动了各个学科领域的蓬勃发展。尤其是以新文化运动为起点,以宣传民主和科学为核心的思想潮流蓬勃兴起,先进的知识分子在这场运动中受到了新思想的洗礼。思想长期被禁锢的国人得到彻底解放,思想观念得到更新,中国进入一个崭新的时代——思想学术的新时代。在这场划时代的思想变革中,涌现了一批闻名遐迩、学贯中西的大师级的学者。这些学者以全新的理论工具和严谨治学的态度,对传统文化加以梳理和重新阐释,为现代学术奠定了基础,取得了令人瞩目的成就。

"温故而知新",我们出版这套丛书的意义和指归,正在于此。重印昔贤经典,接续学术传统,亦是今日出版人义不容辞的责任。缘此,我们从浩瀚如烟的民国学术经典中遴选100部篇幅较小、雅俗共赏的史学名篇,取名"名家小史",以丛书形式出版。这套丛书有一个共同点,即作者都是世人所景仰的学者,且各书均是写给普通读者的普及性读物。运笔举重若轻,文字洗练易懂,经岁月洗礼和时代考验,至今仍是声名远播、影响至深;是后人传承治学传统、接近经典的桥梁。

这套系列丛书,包含了哲学、伦理学、社会学、历史学、文字学(包括训诂学)、自然科学等多方面学科的发展史。这些著作,在让年轻一代读者享受备受尊敬的人文学术大师的文化成果的同时,也能感知中华民族五千年不屈不挠的精神和璀璨的文化内涵,增强民族文化、民族精神的自豪感、荣誉感、归属感和凝聚力。我们每一个中国人,都应该为自己生在中国倍感自豪,因为我们有着几千年的灿烂历史,我们的先人为我们创造了令人骄傲、无与伦比的文明篇章。

唐太宗李世民曾说:"以铜为镜,可以正衣冠;以古为镜,可以知兴替;以人为镜,可以明得失。"对于一个国家来说,历史是经验、教训,是过去的沉淀,是未来的导向;对于我们每一个人来说,历史是最好的老师。通过学习各种历史,我们不仅可以从中领悟到许多人生哲理,扩大知识面,增长见识,丰富头脑,亦可培养实事求是的态度,提高综合能力和综合素质。总之,学习历史可以让我们每一个人都终身受益,这一点是毋庸置疑的。

我们编辑出版这套"名家小史",均采用民国时期的初版为底本,并进行了精心校订。校订时遵循以下几点原则:

1.将原书的繁体竖排,改为当今通行的简体横排,并对标点符号按现代汉语使用规范做了处理。

2.为了尊重作者及原著,对作者自有文风与习惯性行文遣词、概念术语,以及地名、译名等未做修改,皆仍其旧。

3.对原书中个别涉及原则性的文字进行了技术处理,同时对原书中一些因排印造成的讹误做了订正,如"日""曰","己""巳""巳"等。

限于学力和经验,编校过程中难免存在错讹疏漏之处,敬请广大方家、读者斧正!

"名家小史"丛书编辑委员会

上篇　中国文字变迁考

004　第一章　文字变迁之理

007　第二章　文字之始

018　第三章　古文篆籀

063　第四章　隶书八分正书

074　第五章　行书草书

下篇　字例略说

080　第一章　六书非古说

089　第二章　六书之名及次第

090　第三章　象形

108　第四章　指事

110　第五章　会意

112　第六章　形声

117　第七章　转注

126　第八章　假借

134　第九章　引伸

137　第十章　文字之孳乳

154　第十一章　文字之淘汰

159　第十二章　文字之变迁

附：说文解字文考

167　序一

170　序二

171　说文解字文考

上篇　中国文字变迁考

第一章
文字变迁之理

文字迁变，其途甚多。今音、古音，截然不同，此音之变也。今义、古义，厘然各别，此义之变也。至于同一字也，而其构造不同，如奇字之无，篆文之鱻，构造绝不相蒙是。或笔画体势有异，如篆取圆笔，隶取方笔；又如今人作正书，笔画或圆或方，结体或长或扁，初无一定；而作刻板书之宋体字者，则笔画无不平直，结构率皆正方是。此则形体之变。音义皆无迹可见，今音既出，古音遂亡；今义既行，古义旋晦。不知文字之学者，每执今音、今义，谓古音、古义即系如此。夫且不知古今音义之异，自无从知其有变迁矣。惟字形则有迹可征，稍一搜考，今古之异，即可立见。此世之言文字变迁者，所以不数音义，而专举字形之变以当之也。

一事之成与变，皆有其所以然之故。其成也，大抵因众所共须，无形之中，合力创造，积累而成；其变也，则出于事势之迁流，虽有大力，莫之能遏。夫其变也，如日之西，如水之东，无一息之停，而人莫之觉，及其久而回顾焉，则判然若二物矣。近人王国维《史籀篇疏证序》云："不知自其变者观之，则文字殆无往而不变。故有一卷之书而前后异文；一人之作而器盖殊字。自其不变者而观之，则文字之形与势，皆以渐变。凡既有文字之国，未有能以一人之力创造一体者。许君谓史籀大篆与古文或异，则固有不异者；且所谓异者，亦由后人观之；在作书时，亦只用当世通行之字，有所取舍，而无所谓创作及增省也。""所谓异者，由后人观之"一语，最为通论。至谓"既有文字之国，未有能以一人之力，创造一体者"，则尚有所未尽。即无文字之国，亦未有能以一人之力，创造一体者。契丹字之因汉文，满洲字之因藏文，皆实有所承，非真创作也。固非有一人焉，能凭空创造；亦非有一人焉，能独力改革也。顾知识简陋之世，其论积累而成，逐渐而变之事，亦必以归诸一人。一部《世本·作篇》，皆可作如是观。仓颉造书，程邈立隶，皆是物矣。仓颉作书，说出《世本》；顾《世本》之不足信，昔人久已言之。《诗·何人斯》正义："《世本》云：暴辛公作埙，苏成公作篪。谯周《古史考》云：古有埙篪，尚矣。周幽王时，暴辛公善埙，苏成公善篪，记者因以为作，谬矣。《世本》之谬，信如周言。"夫此特其有可考者耳，其他无可考者，何一非此类邪？

欲考文字变迁之理，必合形、音、义三者观之。一字也，博考其古今构造之不同，音、义之各异；以及旧字之废、新字之增者；此中包含两事：一、有所增、无所废者，此言语逐渐增加，文字之所以孳乳浸多也。一、有所增、即有所废者，此则同一义也，古今人谓之之音不同、因而表其音之形亦异，可谓形音皆变，而义未变。及因笔画形状之不同，积久而成为两体者，如篆、隶、行、草之变迁是。乃得谓之该备。专论形体，未足尽文字变迁之理也。顾谬说不去，则真理不明。向之论文字变迁者，既皆执形体一端当之，而又有种种附会谬误之说；不能廓而清之，真相固无从而见。兹篇所论，亦但见旧时文字创造变迁之说，有所未当耳。至于自立条例，足以说明文字变迁之理，则固有所未能也。

第二章
文字之始

欲论文字之变迁，必先及文字之创造；顾文字之创造，不可说也。岂惟文字，凡事皆然。许慎《说文解字序》曰："黄帝之史仓颉，见鸟兽蹄迒之迹，知分理之可相别异也，初造书契。"夫其凿言仓颉造书非，其言分理之可相别异，为文字之原则是也。然则必欲凿言文字之所自始，亦曰与人之知分理之可相别异，同时并起耳。夫人之知分理之可相别异，孰能凿指其所自始乎？顾习俗相沿，既皆以文字为有一创造之人，固不得不即其说而一考之。

言中国文字原起者，莫古于《易》。《易·系辞传》曰："上古结绳而治，后世圣人易之以书契，百官以治，万民以察，盖取诸《夬》。"此但浑言后世圣人，而未尝凿指为何人者也。《汉书·艺文志》全祖此说。《汉志》曰："《易》曰：'上古结绳以治，后世圣人易之以书契，百官以治，万品以察，盖取诸《夬》。''夬，扬于王庭'，言宣扬于王者朝廷，其用最大也。""扬于王庭"，《易·夬》卦辞。

其以为仓颉造书者，说亦出自先秦。《荀子·解蔽篇》：

仓颉

选自清道光十年（1830）刊本《古圣贤像传略》

"故好书者众矣，而仓颉独传者，壹也。"《韩非子·五蠹篇》："仓颉之作书也，自环者谓之私，背私者谓之公。"《吕氏春秋·君守篇》："仓颉作书。"是也。

以仓颉为黄帝史，说出《说文解字序》。《序》曰："古者庖牺氏之王天下也，仰则观象于天，俯则观法于地。观鸟兽之文，与地之宜，近取诸身，远取诸物，于是始作《易》八卦，以垂宪象。及神农氏，结绳为治，而统其事。庶业其繁，饰伪萌生。黄帝之史仓颉，见鸟兽蹄迒之迹，知分理之可相别异也，初造书契。百工以乂，万品以察，盖取诸《夬》。夬"扬于王庭，言王者宣教明化于王者朝廷，君子所以施禄及下，居德则忌也"。此说亦出《易·系辞传》，特连引伏牺、神农，又凿言造字者为仓颉，与《汉志》异。"君子所以施禄及下，居德则忌夬"，《象辞》。

《尚书》伪《孔安国传序》特创异说，以伏牺为造字之人。其说曰："古者伏牺氏之王天下也，始画八卦，造书契，以代结绳之政，由是文籍生焉。伏牺、神农、黄帝之书，谓之三坟，言大道也。少昊、颛顼、高辛、唐、虞之书，谓之五典，言常道也。"与诸家说皆不同。

伏牺造字之说，前无所承。或谓实出许《序》，顾许意特以见"庶业其繁"，其来有渐，伏牺垂宪，仅资画卦，其治较结绳更简耳，非以作八卦为造书契张本也。然《伪孔》之说，亦有由来。彼其意盖欲以三坟、五典为三皇、五帝之书；又欲以伏牺、神农、黄帝为三皇，少昊、颛顼、高辛、唐、虞为五帝。其说实远本贾、郑，特贾、郑虽以三坟、五典为三皇、五帝之书，而未凿言三皇时有文字，虽于五帝之中增一少昊，而未去三皇中之燧人，升五帝中之黄帝耳。《左氏》昭公十二年："是能读三坟、五典、八索、九丘。"杜《注》但云："皆古书名。"《疏》引《伪孔序》外，又曰："《周礼》外史掌三皇、五帝之书。郑玄云：楚灵王所谓三坟、五典是也。贾逵云：三坟，三皇之书；《文选·闲居赋》注引多'坟大也'三字。五典，五帝之典；八索，八王之法；《选注》作'素王之法'。九丘，九州亡国之戒。《选注》无'九州'二字，盖夺。延笃言：张平子说，三坟，三礼，礼为大防。《尔雅》曰：坟，大防也。《书》曰：谁能典朕三礼。三礼，天、地、人之礼也。五典，五帝之常道也。八索，《周礼》八议之刑。索，空，空设之。九丘，《周礼》之九刑。丘，空也，亦空设之。马融说：三坟，三气，阴阳始生，天、地、人之气也。五典，五行也。八索，八卦。九丘，九州之数也。"据此，《伪孔序》说八索、九丘同马融；《伪孔序》曰："八卦之说，谓之八索，求其义也。九州之志，谓之九丘。丘，聚也。言九州所有，土地所生，风气所宜，皆聚此书也。"其说三坟、五典，则同贾逵。延笃说五典亦同，而说三坟则异。《周官疏》云："延叔坚、马季长等所说不

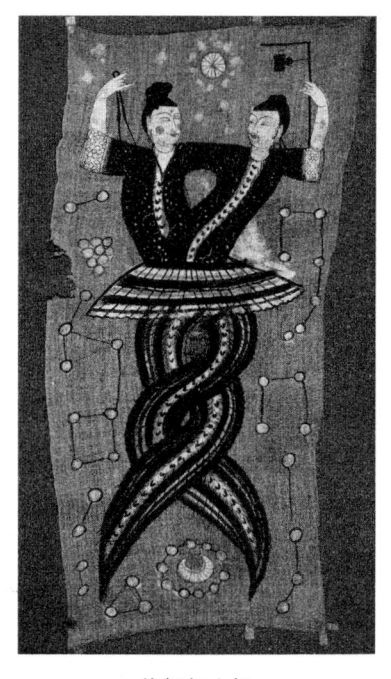

伏牺与女娲

同，惟孔安国《尚书序》解三坟、五典与郑同"，是《伪孔》三坟、五典之说，实本贾、郑也。三皇之说，《尚书大传》《含文嘉》《风俗通》引。《甄耀度》宋均注《援神契》引之，见《曲礼正义》。皆以为燧人、伏牺、神农，《白虎通》亦同。惟又列或说，以为伏牺、神农、祝融。《元命苞》《运斗枢》则以为伏牺、女娲、神农。《元命苞》见《文选·东都赋注》引。《运斗枢》则郑玄注《中候敕省图》引之，见《曲礼正义》。案司马贞《补三皇本纪》言"共工氏与祝融战，头触不周山崩，天柱折，地维缺。女娲乃炼五色石以补天，断鳌足以立四极"云云。上言祝融，下言女娲，则祝融、女娲一人。《白虎通》或说，与《元命苞》《运斗枢》同。其五帝，则《大戴记》《世本》《史记》皆以为黄帝、颛顼、帝喾、唐尧、虞舜，盖今文家之说如此。纬书多用今文说。郑玄注《中候敕省图》引《运斗枢》，其三皇之说，亦同今文，而五帝加一金天氏，遂成六帝。案《后汉书·贾逵传》：逵奏《左氏》大义长于《二传》者，曰："五经家皆言颛顼代黄帝，而尧不得为火德。《左氏》以为少昊代黄帝，即图谶所谓帝宣也。如令尧不得为火,则汉不得为赤。"此为古文家于黄帝、颛顼之间,增一少昊之由。然"实六人而为五",于理殊不可通。虽《曲礼正义》曲为之说曰:"以其俱合五帝座星。"亦终不免牵强。至《伪孔》说出,乃去三皇中之燧人,而升一黄帝,以足其数。于是黄帝、颛顼之间,虽增一少昊,而五帝仍为五人矣。此实其说之弥缝而益工者也。然《周官疏》云:"文字起于黄帝,今云三皇之书者,以有文字之后,仰录三皇时事。"则贾、郑虽以三坟、五典为三皇、五帝之书,犹未言三皇时有文字;而伏牺造字之说,实出《伪孔》矣。

伏牺造字之说,凿空附会如此,故后人多不之信;而信文字始于黄帝时,仓颉为黄帝史官之说。然夷考其实,则其凿空附会,亦与伏牺造字之说同。夫汉儒所以主文字始于黄帝时者,以纬书云"三皇无文",而黄帝为五帝之首耳。《周官·保氏》疏:"案《孝经纬·援神契》,三皇无文,则五帝以下始有文字,故说者多以仓颉为黄帝史,而造文字起在黄帝也。"既以文字为始于黄帝,因以黄帝释《易》之后世圣人,《周易集解》:"虞翻曰:后世圣人,谓黄帝、尧、舜也。"孔《疏》于"黄帝、尧、舜垂衣裳而天下治"下亦曰:"自此已下,凡有九事,皆黄帝、尧、舜取《易》卦以制象。连云尧、舜者,谓此九事,黄帝制其初,尧、舜成其末。皇甫谧《帝王世纪》载此九事,亦皆为黄帝之功。"并以仓颉为黄帝史官。皆以意言之,非有所据也。《周官·外史》疏引《孝经纬》云:"三皇无文,五帝画象,三王肉刑。"《公羊·襄公二十九年》解诂引《孝经说》云:"孔子曰:三皇设言民不违,五帝画象世顺机,三王肉刑揆渐加,应世黠巧奸伪多。"

皆指文法而言，非谓文字。汉儒据此，谓文字始于五帝，殊为附会。因此释《易》之"后世圣人"为黄帝，则尤为武断矣。《书序疏》驳之曰："《系辞》先历说伏牺、神农盖取，下乃云黄帝、尧、舜垂衣裳而天下治，盖取诸乾坤，是黄帝、尧、舜之事也。又舟楫取涣，服牛取随，重门取豫，臼杵取小过，弧矢取睽，此五者时无所系，在黄帝、尧、舜时以否，皆可以通也。至于宫室、葬与书契，皆先言上古。古者，乃言后世圣人易之，则别起事之端，不指黄帝、尧、舜时。"其说允矣。《义疏》强申《伪序》不足论，然其言自有平允处，不得抹杀也。《序疏》云："班固、马融、郑玄、王肃诸儒，皆以为文籍初自五帝。"又云："司马迁、班固、韦诞、宋衷、傅玄皆云：仓颉，黄帝之史官。"一似主其说者甚多，且其说甚旧。然《路史》辨之曰："《管氏》《韩子》《国语》《史记》，俱无史官之说。《世本》云'史皇、仓颉同阶'，又云'沮诵、仓颉作书'，亦未尝言为史官也。及韦诞、傅玄、皇甫谧等，遽以为黄帝史官，盖肇缪于宋衷。衷之《世本》注云：仓颉、沮诵，黄帝史官。抑不知衷何所据而云？末代儒流，更望望交引，以为《世本》之言。《世本》曷尝有是

黄　帝
选自明弘治十一年（1498）《历代古人像赞》

哉？"则以仓颉为黄帝史官，特东汉后人附会之说，西汉固无是矣。今据《路史》所引：《春秋演孔图》及《春秋元命苞》叙帝王之相云："仓颉四目，是谓并明。"与颛帝、帝喾、尧、舜、禹、汤、文、武并举。《河图玉版》云：

灵龟负书

"仓颉为帝，南巡狩，登阳虚之山，临于玄扈、洛汭之水，灵龟负书，丹甲青文以授。"《河图说征》云："仓帝起，天雨粟，青云扶日。"亦见《洛书说河》。《春秋河图·揆命篇》云："仓、羲、农、黄，三阳翊天德圣明。"皆不以为人臣。纬候之作，伪起哀、平，犹且如是，则知黄帝史官之说，其出甚晚。先汉人著述，如《淮南子·本经训》云："昔者仓颉作书，而天雨粟，鬼夜哭。"与《河图说征》同。《修务训》云："史皇产而能书。"亦见《随巢子》，见《路史》及《北堂书钞》七。皆无史官之说也。熹平六年所立仓颉碑云："天生德于大圣，四目重光，为百王作宪。"尚与《演孔图》《元命苞》同。《书序疏》云："崔瑗、曹植、蔡邕、索靖皆云：古之王也。徐整云：在神农、黄帝之间。谯周云：在炎帝之世。卫氏云：当在庖牺、仓帝之世。慎到云：在庖牺之前。张揖云：仓颉为帝王，生于禅通之纪。"则东汉、魏、晋人沿袭旧说者尚多。知许《序》所诋俗儒鄙夫，见《仓颉篇》而以为古帝作者，其说亦有由来也。然则文字始于黄帝时，仓颉为黄帝史官

上篇 中国文字变迁考 / 011

之说，亦一伏牺造字之说而已矣。

然则仓颉为古帝王之说，其可信欤？曰：实不足信也。纬候之说，多涉荒怪，何足置信？试观《荀》《韩》《吕览》，皆不言仓颉为何如人，亦不言为何时人可知也。且观《荀子》之说，则造书者不独一仓颉，固已明矣。

然则如《易传》之浑言后世圣人者，其最得乎？曰：《易传》非说造字也。其言曰："百官以治，万民以察"，则明指政事言。《集解》："《九家易》曰：古者无文字；其有约誓之事，事大大其绳，事小小其绳；结之多少，随物众寡；各执以相考，亦足以相治也。夬者，决也，取百官以书治职，万民以契明其事。"此书契分释甚明白，《路史》引《帝王世纪》云，黄帝史官仓颉取象鸟迹，始作文字，记其言动象而藏之，名曰书，契则谬说矣。《书序疏》："言结绳者，当如《郑注》云：为约，事大大其绳，事小小其绳。《系辞疏》引作'事大大结其绳，事小小结其绳'。王肃亦曰：结绳识其政事是也。言书契者，郑云：书之于木，刻其侧为契，各持其一，后以相考合。"亦皆就政事立说。案《周官·小宰》："以官府之八成经邦治。""四曰听称责以傅别。""六曰听取予以书契，七曰听卖买以质剂。"注："傅别，谓为大手书于一札，中字别之。质剂，谓两书一札，同而别之。长曰质，短曰剂。傅别、质剂，皆今之券书也，事异，异其名耳。"《墨子·公孟篇》："是数人之齿而以为富。"俞氏樾《诸子平议》曰："齿者，契之齿也。古者刻竹木以记数，其刻处如齿，故谓之齿。《易林》所谓符左、契右，相与合齿是也。《列子·说符篇》：宋人有游于道，得人遗契者,归而藏之,密数其齿,曰:吾富可待矣。此正数人之齿以为富者。"观此,可见古者契之为用甚广,官府治事,民间信约,皆必用之。且契以齿合,非如郑《注》所云必有文字;郑盖据当时之制为说。又以齿之数,别所得之数,仍有结之多少,随物众寡之意。可见《九家易》书契分疏之确,而易结绳以书契,与造字了无干涉,亦可见矣。《庄子·胠箧篇》:"昔者容成氏、大庭氏、伯皇氏、中央氏、栗陆氏、骊畜氏、轩辕氏、赫胥氏、尊卢氏、伏羲氏、神农氏,当是时也,民结绳而用之。"则以结绳之治当神农时,以易之以书契当黄帝时,说亦可云有本。特不当与仓颉造字,并为一谈耳。此汉儒之疏也。

然则字为谁造,竟不可知乎?曰:不可知也。文字者,借符号以达意,此尽人之所能,固不待谁为之,亦不得云谁为之也。斯理也,先民有言之者矣。《书序疏》云:"《阴阳书》称天老对黄帝云:凤皇首文曰德,背文曰义,翼文曰顺,膺文曰仁,腹文曰信。又《易·系辞传》云:河出图,洛出书,圣人则之,是文字与天地并兴焉。"张怀瓘《书断》曰:"万事皆始自微渐,至于昭著。道之昭兴,自然玄应,前圣、后圣,合矩同规。虽千万年,至理斯会,必然而出,岂在考其甲之与乙邪?道家相传,则有天皇、地皇、人皇之书,各数百言,其文犹在。象如符印,而不传其音指。且戎狄异音各邈,会于文字,其指不殊。禽兽之情,悉应若是。观其趣向,不远于人。则知凡庶之流,有如草木、鸟兽之类,或蕴文章。又霹雳之下,乃时有字;或锡贶之瑞,往往铭题,以古书考之,皆可识也。又岂学之于人乎？又详释典，或沙劫以前，或他方怪俗，云为事况，与即意无殊。是知天之妙道，施于万类一也，但感有浅深耳，岂必在乎羲、轩、周、孔将释、老之教乎？"案《阴阳书》《山海经》，皆不足据，道家所传天皇、地皇、人皇之字，尤必为伪造无疑。然此二说，论文字出于自然，为人心之所同，非必圣哲乃能创造，则于理极合。"霹雳之下，乃时有字；锡贶之瑞，往往铭题，考以古书皆可识"者，非无知之物，能与人造之字相符；乃人造之字，不得不有取于自然之文耳。夫自然之文，则所谓分理之可相别异者也。故古代文字，实原于图画。古者书籍通称为志。"孔子曰：大道之行也，与三代之英，丘未之逮也，而有志焉。"《礼记·礼运》，郑《注》："志，谓识古文。"《庄子》曰"《春秋》经世，先王之志"是也。"志""识"二字古通，"识""帜"实为一字。《檀弓》："孔子之丧，公西赤为志焉。""子张之丧，公明仪为志焉。"《注》皆曰："志为章帜。"《左传》宣十二年："百官象物而动。"《疏》曰："百官尊卑不同，所建各有其物，象其所建之

庄子
选自明万历三十七年（1609）原刊本《三才图会》

物而行动。"夫帜各有所画之物以为识，此一姓之兴，所以必"殊徽号"也。《大传》："立权度量，考文章，改正朔，易服色，殊徽号，异器械，别衣服，此其所得与民变革者也。"《注》："徽号，旌旗之名也。"刻石记识，理亦同此。《书序疏》云："依《易纬·通卦验》，燧人在伏羲前。表计置其刻曰：苍牙通灵昌之成，孔演命，明道经。郑玄《注》云：刻，谓刻石而记识之。"又《韩诗外传》称："古封太山、禅梁甫者万余人，仲尼观焉，不能尽识。"又《管子》书称管仲对齐桓公曰："古之封太山者七十二家，夷吾所识，十二而已。"夫此七十二家者，孰能辨其所刻者为文字，抑即旗帜所画之物乎？然则文字图画之兴，皆不外取象自然之文以为识，二者孰能别其先后？许慎说象形字曰："画成其物，随体诘屈。"此语可以说象形字，亦可以说图画。然则文字图画之初兴，二者盖无区别。自今日观之，象形文字，固与图画殊科，然此特后起之变迁，方其初画成一物时，固不得凿指之曰，此为文字，非图画；此为图画，非文字也。然则文字之始，即图画之始；图画之始，即人能象自然之文，借分理之相别异，以为记识之始耳；孰能指其始于何时，创于何人乎？故必欲凿求文字之始者，乃徒劳之计也。

第三章

古文篆籀

论中国文字之变迁者，莫早于《汉书·艺文志》。《说文解字序》与《汉志》大同小异，而其说尤详。今以许《序》为本，加以辨证焉。许《序》曰："仓颉之初作书，盖依类象形，故谓之文。其后形声相益，即谓之字。文者，物象之本。六字段玉裁依《左传·宣十五年》正义补，案此语《书序疏》亦引之，段氏补之是也。字者，言孳乳而浸多也。著于竹帛谓之书，书者，如也。以迄五帝、三王之世，改易殊体，封于泰山者七十有二代，靡有同焉。《周礼》：八岁入小学，保氏教国子，先以六书。一曰指事。指事者，视而可识，察而见意，上、下是也。二曰象形。象形者，画成其物，随体诘诎，日月是也。三曰形声。形声者，以事为名，取譬相成，江河是也。四曰会意。会意者，比类合谊，以见指㧑，武信是也。五曰转注。转注者，建类一首，同意相受，考老是也。六曰假借。假借者，本无其事，依声记事，令长是也。及宣王太史籀，著大篆十五篇，与古文或异。至孔子书六经，左丘明述《春秋传》，皆以古文，厥意可得而说。其后诸侯力政，不统于王，恶礼乐之害己，而皆去其典籍。分为七国；田畴异亩，车涂异轨，律令异法，衣冠异制，言语异声，文字异形。秦始皇帝初兼天下，丞相李斯乃奏同之，罢其不与秦文合者。斯作《仓颉篇》，中车府令赵高作《爰历篇》，大史令胡毋敬作《博学篇》；皆取史籀大篆，或颇省改，所谓小篆者也。是时秦烧灭经书，涤除旧典；大发隶卒，兴役戍，官狱职务繁，初有隶书，以趣约易，而古文由此绝矣。自尔秦书有八体：一曰大篆，二曰小篆，三曰刻符，四曰虫书，五曰摹印，六曰署书，七曰殳书，八曰隶书。汉兴有草书。《尉律》：学童十七已上始试，讽籀书九千字，乃得为吏。又以八体试之。郡移大史并课，最者以为尚书史。书或不正，辄举劾之。今虽有《尉律》不课，小学不修，莫达其说久矣。孝宣皇帝时，召通《仓颉》读者，张敞从受之。凉州刺史杜业、沛人爰礼、讲学大夫秦近，亦能言之。孝平皇帝时，征礼等百余人，令说文字未央廷中。以礼为小学元士。黄门侍郎扬雄采以作《训纂篇》：凡《仓颉》已下十四篇，凡五千三百四十字。群书所载，略存之矣。及亡新居摄，使大司空甄丰等校文书之

扬 雄
选自明万历三十七年（1609）原刊本《三才图会》

部。自以为应制作,颇改定古文。时有六书:一曰古文,孔子壁中书也。二曰奇字,即古文而异者也。三曰篆书,即小篆,秦始皇帝使下杜人程邈所作也。四曰左书,即秦隶书。五曰缪篆,所以摹印也。六曰鸟虫书,所以书幡信也。壁中书者,鲁恭王坏孔子宅,而得《礼》《记》《尚书》《春秋》《论语》《孝经》。又北平侯张苍献《春秋左氏传》。郡国亦往往于山川得鼎彝,其铭即前代之古文,皆自相似。虽叵复见远流,其详可得略而说也。而世人大共非訾,以为好奇者也。故诡更正文,乡壁虚造,不可知之书,变乱常行,以耀于世。诸生竞逐,说字解经谊。称秦之隶书为仓颉时书,云:父子相传,何得改易?乃猥曰:马头人为长;人持十为斗;虫者,屈中也。廷尉说律,至以字断法;苛人受钱,苛之字,止句也。若此者甚众。皆不合孔氏古文,缪于史籀。俗儒鄙夫,玩其所习,蔽所希闻;不见通学,未尝睹字例之条。怪旧埶而善野言,以其所知为秘妙,究洞圣人之微恉。又见《仓颉篇》中幼子承诏,因曰:古帝之所作也,其辞有神仙之术焉。其迷误不谕,岂不悖哉?《书》曰:予欲观古人之象,言必遵修旧文而不穿凿。孔子曰:吾犹及史之阙文,今亡矣夫!盖非其不知而不问。人用己私,是非无正。巧说衺辞,使天下学者疑。盖文字者,经埶之本,王政之始;前人所以垂后,后人所以识古。故曰:本立而道生,知天下之至赜而不可乱也。今叙篆文,合以古籀。博采通人,至于小大,信而有证。稽撰其说,将以理群类,解谬误,晓学者,达神恉。分别部居,不相杂厕,万物咸睹,靡不兼载。厥谊不昭,爰明以谕。其称《易》孟氏、《书》孔氏、《诗》毛氏、《礼》《周官》《春秋左氏》《论语》《孝经》，皆古文也。"云云。许氏之说如此。据其说，则自皇古以迄后汉，中国文字，变迁凡七：始有文字以后，形声相益，孳乳浸多；而五帝、三王之世，又有改易，凡此，许统谓之古文。一也。史籀著《大篆》十五篇，与古文或异，二也。六国之世，言语异声，文字异形，三也。秦有天下，李斯奏同之，罢其不与秦文合者，又颇省改大篆，以为小篆，四也。因官狱职务之繁，初有隶书，以趋约易，五也。汉兴而有草书，六也。史籀大篆，虽与古文或异，然孔子书六经，左丘明述《春秋传》，皆以古文，则古文初未尝废，至秦而绝，赖有壁中书及张苍所献《左氏传》，乃得复见，至王莽好古，而其所谓六书中乃复有古文、奇字，七也。其中可疑之处甚多，今一一辨之。

封于泰山者七十二代，说见《管子》及《韩诗外传》，已见前。《路史》引《河图真纪钩》亦曰："王者封泰山，禅梁父，易姓奉度，继典崇功者，七十有二君。"管仲所识十二家：曰无怀氏、曰虙牺、曰神农、曰炎帝、曰黄帝、曰颛顼、曰帝喾、曰尧、曰舜、曰禹、曰汤、曰周成王。然则七十二代，多在五帝三王之前。仓颉为黄帝史官，黄帝乃特五帝之首耳。许以此语系"五帝三王之世，改易殊体"之下，一似此七十二代，皆在五帝三王之世者，未免滋疑。盖古人文字，往往钞撮众说而成，许所谓稽撰其说。非必自作。此说与前黄帝之史仓颉云云，盖各为一说。前说以仓颉为黄帝史，此说自谓仓颉远在无怀、伏牺之前，说本不可相通，而许并存之，故不免矛盾也。然许书为后人窜乱极多，即《序》亦非故物。观下文自见。《魏书·江式传》，式上表请修古今文字，其语多本许《序》。此处作"迄于三代，厥体颇异，虽依类取制，未能悉殊仓氏矣"，语意与"以迄五帝三王之世，改易殊体"相反，则许《序》此处，或遭后人改窜邪？然"孳乳浸多，改易殊体"八字，说文字变迁之理，固确不可易。斯语也，姑存而勿论可也。

六书之说，为许氏全书经纬，此盖许氏所谓"字例之条"者也。然六书实非古说，《周官》之六书，亦未必许氏所言之六书。别详拙撰《字例略说》，今亦姑措勿论。

许氏谓史籀大篆与古文或异；又谓《仓颉》《博学》《爰历》三篇皆取史籀大篆，或颇省改。夫"或异"者，不尽异之辞；小徐本作"与古文或同或异"，《江式传》同，疑大徐本夺二字。"或颇省改"者，不皆省改之谓，则谓古文、大小篆，截然不同，原非许意。然许既以大小篆并列为秦书八体之二，又谓古文绝于秦时，则亦谓三者自有其不可混者在也。然谓史籀有意改变字体，上异古文；而李斯等又改变字体，不同史籀，恐亦子虚乌有之谈也。

今试先就字数及字体论之。案史籀以后、《说文》以前之字书，《汉志》备列其名，则有汉闾里书师合《仓颉》《爰历》《博学》所成之《仓颉篇》；有司马相如之《凡将篇》；有史游之《急就篇》；有李长之《元尚篇》；有扬雄之《训纂篇》；有班固之《十三章》。《汉志》云："闾里书师合《仓颉》《爰历》《博学》三篇，断六十四字以为一章，凡五十五章，并为《仓颉篇》。"是《仓颉》《爰历》《博学》三书，合三千三百字也。且有复字。又云：《凡将篇》"无复字"，《急就篇》《元尚篇》"皆《仓颉》中正字"，"《凡将》则颇有出矣"，《训纂篇》"顺续《仓颉》，又易《仓颉》中重复之字，凡八十九章；臣复续扬雄作十三章，凡一百二章，无复字"。是雄所作《训纂》凡三十四章，二千四十字。合五十五章，三千三百字，正八十九章、五千三百四十字。与许氏所谓"凡《仓颉》以下十四篇，凡五千三百四十字"者，字数相合。惟许未列举书名；且《仓颉》《爰历》《博学》《凡将》《急就》《元尚》《训纂》，共止七书，而又析之为十四，未知何故耳。案未举书目，而言都凡，所谓凡者，知其何指？此亦许《序》夺误之一证也。许书则九千三百十三文。盖五千三百四十字之外，他采者又三千有十三字。以上本段氏说。字数之以渐而增如此，则因许《序》"讽籀书九千字"句，误谓籀文字有九千者固非。然今籀文见于《说文》者，只二百二十余字，谓其数止如此，亦决不可通。故段

秦铜量

氏谓许所列小篆，不云古文作某、籀文作某者，古籀皆同小篆也。王国维《史籀篇疏证序》曰："《史篇》文字，就其见于许书者观之，固有与殷、周间古文同者。然其作法，大抵左右均一，稍涉繁复，象形象事之意少，而规旋矩折之意多。推其体势，实上承《石鼓文》，下启秦刻石，与篆文极近。考战国时秦之文字，如传世秦大良造鞅铜量，乃孝公十六年作，其文字全同篆文。《诅楚文》摹本，文字亦多同篆文。而棽、殹、歾、勮、薏五字，则同籀文。则李斯以前，秦之文字，谓之用篆文可也，谓之用籀文亦可也。"此尤足证籀篆字体，不能分立矣。

更就字书体例言之。段氏云："汉初盖《仓颉》《爰历》《博学》为《三仓》。班于《仓颉》一篇自注云上七章，则《爰历》为中，《博学》为下，可知也。自扬雄作《训纂》以后，班固作《十三章》；和帝永元中，郎中贾鲂又作《滂喜篇》。梁庾元成云：《仓颉》五十五章为上卷，扬雄作《训纂》记《滂喜》为中卷，贾升郎更续记《彦均》为下卷，人称为《三仓》。江式亦云是为《三仓》。扬雄《训纂》，终于"滂熹"二字，贾鲂用此二字为篇目，而终于"彦均"二字。故庾氏云扬记《滂喜》，贾记《彦均》；《隋志》则云扬作《训纂》，贾作《滂喜》，其实一也。自《仓颉》至《彦均》，章皆六十字，凡十五句，句皆四言；《凡将》七言；《急就》前多三言，后多七言；惟《元尚》无考耳。"以上皆段说。又《仓颉》三篇，皆四字为句，二句一韵，近世敦煌所出隶书残简，足以证之。见姬觉弥《重辑仓颉篇叙录》。盖古之字书，《说文》《玉篇》等说字形者为一类；《急就》

与南北朝之《千字文》等便讽诵者又为一类。罗迦陵《重辑仓颉篇序》。以字形分别部居，实始于许。《籀篇》在字书中最古，其体例不应与后来之《三仓》等有殊。故罗振玉《殷商贞卜文字考》谓"予意《史籀》十五篇，亦由《仓颉》《爰历》《凡将》《急就》等，取当世用字，编纂章句，以便诵习，实非书体之异名"。王国维则更疑史籀非人名。其说曰："籀、读二字，同音同义。又古者读书皆史事。昔人作字书者，其首句盖云大史籀书，以目下文，后人因取句中史籀二字名其篇；大史籀书，犹言大史读书。汉人不审，乃以史籀为著此书之人，其官为大史，其生当宣王之世。不知大史籀书，乃周世之成语；以首句名篇，又古书之通例也。然则《史籀》一书，殆秦人作之以教学童。""《仓颉》文字既取诸史篇，文体亦当仿之。"云云。案《汉志》明言《史籀篇》为周时史官教学童之书，王氏凿空疑为秦人所作，似非。然谓《籀篇》为书名，非字体；《史籀》亦书名，非人名；则其说允矣。《汉志》可以为证也。《汉志》曰："古者八岁入小学，故《周官》保氏掌养国子，教之六书，谓象形、象事、象意、象声、转注、假借，造字之本也。汉兴，萧何草律，亦著其法。曰：太史试学童，能讽书九千字以上，乃得为史。又以六体试之，课最者以为尚书、御史史书令史。吏民上书，字或不正，辄举劾。案许《序》此处亦有夺文。江式表云："吏民上书，省字不正，辄举劾焉。"许《序》无"吏民上书"四字，则义不可通。六体者：古文、奇字、篆书、隶书、缪篆、虫书，皆所以通知古今文字，摹印章，书幡信也。古制，书必同文，不知则阙，问诸故老。

至于衰世，是非无正，人用其私。故孔子曰：吾犹及史之阙文也，今亡矣夫！盖伤其浸不正。《史籀篇》者，周时史官教学童书也，与孔氏壁中古文异体。《仓颉》七章者，秦丞相李斯所作也；《爰历》六章者，车府令赵高所作也；《博学》七章者，太史令胡毋敬所作也。文字多取《史籀篇》，而篆体复颇异，所谓秦篆者也。是时始造隶书矣，起于官狱多事，苟趣省易，施之于徒隶也。""谓象形、象事、象意、象声、转注、假借，造字之本也"十八字，"与孔氏壁中古文异体"九字，盖皆后人窜入。此节文意，一线相承，"教之六书"之六书，"又以六体试之"之六体，事盖相类，故云："亦著其法。"夹入"谓象形"云云十八字，则六书、六体，绝不相蒙，不可云亦矣。以六书为造字之本，其说实不可通，故许《序》尚无此说。又事、意、声皆不可云象，窜此十八字者，于小学盖实无所知；然后人认为班书原文，于"造字之本也"五字，亦不敢疑，而说文字遂又添一重缪辖矣，详见《字例略说》。"皆所以通知古今文字"，指古文、奇字、篆书、隶书；"摹印章"指缪篆；"书幡信"指虫书，所以总结上文。下文"古制书必同文"至"盖伤其浸不正"，说古文、奇字。"《史籀篇》者，周时史官教学童书也"，及"《仓颉》七章者"，至"所谓秦篆者也"，释篆书；"是时始造隶书矣"以下释隶书。夹入"与孔氏壁中古文异体"一语，前无所承，后亦不及，成何文体？又《史籀》十五篇下自注"周宣王大史作《大篆》十五篇"十一字，恐亦后人窜入。下文但言为周时史官教学童书，此处何由知其作者？此处已言其作者，下文何须再言？王氏谓《籀篇》本以首句名篇，汉人误以为著书之人。所疑如确，则其致误之由，正以其为周时史官教学童书故也。此亦可见王氏以《史籀篇》为秦人所作之误。下文但称李斯等所作为秦篆，《汉志》亦无八体之名，此处何由忽出大篆二字？十五篇之数，正文已有，注中何待复举哉？汉律皆沿自秦，见《晋书·刑法志》。汉之六体，盖亦承秦之旧。即王莽之六体，实亦沿袭汉制。莽之所以异于汉者，则自以为应运制作，颇改定古文耳。然则安有秦书八体之名？而古文、奇字，当秦时亦何尝绝哉？此等处，后人或疑窜乱古书者何以如是之多？因之不敢深信，然窜乱非必有意，出于无意者实尤多。见拙撰《章句论》。

许氏谓七国之时，"诸侯力政，不统于王。恶礼乐之害己，而皆去其典籍"，以致"言语异声，文字异形"，其说亦不足信。夫恶礼乐之害己而去其籍者，以其害己故也。田畴异亩，车涂异轨，以其或有利于戎事，或则便于土宜，如《左氏》载鞍之战，晋人欲使齐之封内尽东其亩，国子驳以"惟吾子戎车是利，无顾土宜"是也。律令异法，衣冠异制，则所谓"修其教不易其俗，齐其政不易其宜"，此并不得指为不统于王之证。至于言语、文字，则我以是喻诸人，人亦以是喻诸我；我以是喻诸人，固求人之能共喻；人以是喻诸我，我亦惟求其易喻。今世界各国，言语、文字，异声、异形，不能相喻者，皆出于事之无可如何，而岂有矫同立异，自求隔阂者耶？言语、文字为社会公器，其成其毁，各有其所以然之故，既非一手足之烈所能创制，亦非一二人之力所能变更；七国之君，有何神力，能使之异声、异形耶？许氏之言，盖因秦兼天下后，李斯奏罢六国之文不与秦合者，又信古文与秦篆不同，遂附会而为此说。殊不知当时文字之纷繁，实因文明日启，用字日多，旧有之字不给于用，不得不别造新字；而新造之字，则彼此各不相谋之故。初非因诸侯有意立异，舍旧谋新也。春秋、战国时，声明文物之国，溯其始，大抵汉族所分封。故其文字、语言，咸同一本，故《中庸》谓："今天下书同文。"其逐渐变迁暌隔，不过声读之异；及新造之字，彼此不同。《周官》外史，掌达书名；大行人九岁属瞽史喻书名，即求泯此暌隔。然言语文字之迁变，出于自然，初非人力所能止遏。《周官》固学者虚拟之书，未必见诸施行。即能行焉，其异亦终不可泯，此七国之世言语异声、文字异形之所自来也。然其流虽异，其原则同，故其所谓异声者，亦不过如今日方言之殊；所谓异形者，亦不过如今日以闽、粤、苏白著书，间有异于官话之字耳。《仓颉》《爰历》《博学》三篇，不过三千三百字，而许书三倍之，王氏谓许书所多皆六艺中字，非是，见下。其中所收列国因异声之言语，所造异形之文字盖多矣。今观许书文字，大抵同一条理，能通六书之例，即无不可通。所不可解者，反在许氏所斤斤自诩之奇字耳。声读之殊，莫如楚、夏。故《荀子》谓"居夏语夏，居楚语楚"。《孟子》谓"一齐人傅之，众楚人咻之，虽日挞而求其齐也，不可得矣"，又诋许行为"南蛮鴃舌之人"。子元之伐郑也，郑人楚言而出。项羽夜闻汉军四面皆楚歌，惊曰："汉皆已得楚乎？是何楚人之多也？"古代楚、夏言语不同之证，不可枚举。然《说文》牛部："㸰，黄牛虎文，读若涂。"王氏筠谓《左氏》楚人谓虎于菟，《释草》莬虎杖，皆与㸰同音。又口部："呧，楚谓儿泣不止曰嗷咷。"亦与《易》"先号咷而后笑"同。《左氏》：吴人获卫侯，卫侯归，效夷言。必其言语本无大异，乃能暂闻而即效之。《谷梁》："吴谓善伊，谓稻缓。"《说文》："沛国谓稻曰糯。"《释文》引李登《声类》，以秔为不黏稻，江东呼为秜，此即今日之糯字也。然则当时所谓言语异声，亦不过如《方言》之所载，而新造之字随之。此岂诸侯统于王，不力政，遂能无此异哉？《论语》："子曰：吾犹及史之阙文也，有马者借人乘之，今亡已夫！"班、许二氏皆引之，说以"人用其私，是非无正"，其解最确。包氏曰："古之良史，于书字有疑，则阙之以待知者；有马不能调良，则借人乘习之。"二句固一意也。盖前此用字少，所用之字，皆古所已有，故不知可问诸人；此时用字多，所需者皆前此所无，问诸人亦无益，故不得不别造。如今循旧体撰作文字，有所不习，可问诸老师宿儒；译外国语而无相当之词，则老师宿儒，亦不知也。孔子犹及史之阙文，而叹后之无有，可见春秋、战国，乃造新字最盛之时矣。此时所造，自然各率其俗，不复顾其统一；新造之字，遂至彼此不能相知。即不造字而假借为之，自他国之人视之，亦将以为异声、异形矣。即旧有之字，亦或因历年久远，形体渐变，音读不同，遂至本同也而亦与异等。即形音皆同，而义训渐变，不知者视之，亦将以为异。见予所撰《字例略说》。此则异声、异形之原，而非如许氏所说也。

然则秦兼天下，李斯奏同文字，罢六国之文不与秦合者，不过废六国新造之字耳。若夫前此之字，为秦与六国所同承用者，必无废之之理。若谓历时既久而自废，则与秦无涉。大篆与古文,既不过"或异";小篆于大篆,又不过"或颇省改",篆、隶之殊,则笔画之形状耳。数种文字,仍系一种文字。秦人所用文字与六艺等文字,仍系一贯相承。故不信古文者,称秦之隶书为仓颉时书,云:"父子相传,何得改易"也。即"烧灭经书,涤除旧典",古文安得由此而绝哉?吾知之矣,许氏之说,盖全因其信汉世所谓古文者系出于壁中书等而起也。许《序》云:"及孔子书六经,左丘明作《春秋传》,皆以古文。"此语根据,盖在下文"壁中书者,鲁恭王坏孔子宅,而得《礼》《记》《尚书》《春秋》《论语》《孝经》,又北平侯张苍献《春秋左氏传》"二语。许《序》又云:"又郡国往往于山川得鼎彝,其铭即前代之古文,皆自相似。案后世所得鼎彝之类甚多,其文实与《说文解字》所载不合。《殷商贞卜文字考》曰:"今以许书所载古籀,证以古金文字,合者殆寡。"古物固多伪造,决不能尽为伪物。且作伪者必求其于古有征,《说文解字》为载古文最古之书,作伪者安得不求合之以自重邪?故许《序》此语,后人颇多疑之者。吴氏大澄《说文古籀补叙》曰:"有古器习见之形体,不载于《说文》。"许书古籀,"以古器铭文偏旁证之,多不相类。全书屡引秦刻石,而不引某钟、某鼎之文。然则郡国所出鼎彝,许氏实未之见"。陈氏介淇《序》亦谓:"《说文》中古文,多不似今之古钟鼎;亦不说某为某钟、某鼎字,必响拓以前,古器字无毡墨传布,许君未能足征。"王国维《汉代古文考》曰:"拓墨之法,始于南北朝之拓石经,浸假而用以拓秦刻石。至拓彝器文字,赵宋以前,未之前闻。吴说是也。"王氏误以陈说为吴说。愚案许氏言鼎彝之铭，与古文相似，而不言有所取，则此语第以证孔壁书及张苍所献《左氏传》确为古文，本不谓《说文解字》中，有得自鼎彝之文字。严氏可均曰："《汗简》引《说文》此语，无'其铭'二字"，又"皆下空白，盖旧本烂阙，二徐臆补自相似"三字；又江《表》多取许《序》，而此处作"形体与孔氏相类，即前代之古文矣。"则此语为许《序》原文与否，尚未可知。王氏谓全书古文，皆出壁中书及张苍所献《左氏传》，据许《序》推之，其说固当。然则汉人所称得古文经者，事之信否，即许《序》所述文字源流信否之征也。

孔壁得书一役，许《序》而外，见于《汉书·艺文志》《楚元王传》《景十三王传》。《艺文志》所著录者，有《尚书古文经》四十六卷、《礼古经》五十六卷、《春秋古经》十二篇、《论语》古二十一篇、《孝经》古孔氏一篇。除《春秋经》不言所自来外，于《书》则云："《古文尚书》者，出孔子壁中。武帝末，鲁恭王坏孔子宅，欲以广其宫，而得《古文尚书》及《礼》《记》《论语》《孝经》，凡数十篇，皆古字也。共王往入其宅，闻鼓琴瑟钟磬之音，于是惧，乃止不坏。孔安国者，孔子后也。悉得其书，以考二十九篇，得多十六篇。安国献之，遭巫蛊事，未列于学官。刘向以中古文校欧阳、大小夏侯三家经文，《酒诰》脱简一，《召诰》脱简二。率简二十五字者，脱亦二十五字；简二十二字者，脱亦二十二字。文字异者七百有余，脱字数十。"于《礼》则云："《礼古经》者，出于鲁淹中，及孔氏学七十篇，刘敞云：当作十七。文相似，多三十九篇，及《明堂阴阳》《王史氏记》。"于《论语》，自注云："出孔子壁中，两《子张》。"于《孝经》云："二十二章。"师古曰："刘向云：古文字也。《庶人章》分为二也，《曾子敢问章》为三，又多一章，凡二十二章。"又云："汉兴，长孙氏、博士江翁、少府后仓、谏大夫翼奉、安昌侯张禹传之，各自名家，经文皆同。惟孔氏壁中古文为异。""父母生之，续莫大焉，及亲生之膝下，诸家说不安处，古文字读皆异。"此可见造古文经者，因诸家说不安而改之。《楚元王传》："歆因移书太常博士责让之，曰：及鲁恭王坏孔子宅，欲以为宫，而得古文于坏壁之中，《逸礼》有三十九，《书》十六篇。天汉之后，孔安国献之。遭巫蛊仓卒之难，未及施行。及《春秋左氏》，丘明所修。皆古文旧书。多者二十余通，藏于秘府，伏而未发。孝成皇帝闵学残文缺，稍离其真，乃陈发秘藏，校理旧文，得此三事。以考学官所传，经或脱简，传或间编。"《景十三王传》云："恭王初好治宫室，坏孔子旧宅，以广其宫。闻钟磬琴瑟之声，遂不敢复坏，于其壁中得古文经传。"除《景十三王传》浑言古文经传外，《志》所谓"刘向以中古文校三家经文，《酒诰》脱简一，《召诰》脱简二"者，即歆所云"以考学官所传，经或脱简"。《礼古经》多三十九篇，数与刘歆所言《逸礼》合，则淹中、孔壁非二事。歆不及《论语》《孝经》者，以仅欲立《逸礼》《古文尚书》故。然则班《志》之"《古文尚书》及《礼》《记》《论语》《孝经》"，许《序》之"《礼》《记》《尚书》《春秋》《论语》《孝经》"，礼、记二字，皆当分读。或本皆重礼字，今夺。古书重字夺者最多。《礼》指三十九篇，《记》指《明堂阴阳》《王史氏记》。班《志》、《传》及许《序》三说相较，许多一《春秋经》也。班《志》著录《春秋古经》十二篇，《左氏传》三十卷，皆不言其所自来。又《易》无古经，而亦云"刘向以中古文《易经》校施、孟、梁丘经"，盖承上"及秦燔书，而《易》为卜筮之事，传者不绝"言，谓中秘自有此经也。刘歆移太常博士，及《春秋左氏》，丘明所修，意亦不承上鲁恭王得古文言，是《春秋古经》及《左氏传》，刘、班并不谓得自孔壁也。案述得古经事者，班、许而外，又有《论衡》之《正说》《案书》二篇。《正说篇》云："孝景帝时，鲁恭王坏孔子教授堂以为殿，得百篇《尚书》于墙壁中。武帝使使者取视，莫能读者。遂秘于中，外不得见。"《案书篇》云："《春秋左氏传》者，盖出孔子壁中。孝武皇帝时，鲁恭王坏孔子教授堂以为宫，得佚《春秋》三十篇，《左氏传》也。"其说又与班、许抵牾。夫汉代果得古文经，自为一大事，安得互相违异如此？即曰：传闻之讹，事所或有。古书记事，如此者多，小小乖迕，不足深较。然其阙漏，仍有断难弥缝者。崔氏适曰："《五宗世家》：鲁恭王用孝景前二年立，二十六年卒。景帝在位十六年，则共王卒于武帝即位之十一年，即元光五年。武帝在位五十四年，则末年安得有共王？《孔子世家》曰：安国为今皇帝博士，迁临淮太守，蚤卒。《汉书·倪宽传》：宽诣博士受业，受业孔安国。补廷尉史，廷尉张汤荐之。《百官表》：汤迁廷尉，在元朔三年。是安国为博士，在元朔三年以前。使其年甫逾二十，至巫蛊祸作，已过五十，是时尚在，安得云蚤卒？荀悦《汉纪》云：安国家献之。此家字亦知安国之

孔安国
选自清道光六年（1826）吴门赐砚堂顾氏刊本《圣庙祀典图考》

年不及巫蛊祸作而增。然安国有子邛，何不曰孔邛献之，而于安国下增家字，弥缝之迹甚彰。"《史记探原》卷一。今观《景十三王传》，先叙鲁恭王事处，绝不及得古文一语。既历叙其后嗣，乃补出"王初好治宫室"云云，不独如此大事，简略言之为不合理，且上文已云好治宫室矣，何不接叙得古文事，而必于后文补叙乎？则此数语为后人窜入，亦无疑义。《景十三王传》既不足信，则得古文经事见于《汉书》者，惟《艺文志》及《楚元王传》两处。移让太常博士，乃刘歆之言；《志》亦本诸歆之《七略》者也。不独此也，即以破坏孔壁论，事亦不近情理。《史记·孔子世家》："孔子葬鲁城北泗上。弟子及鲁人往从冢而家者，百有余室，因命曰孔里。鲁世世相传，以岁时奉祠孔子冢；而诸儒亦讲礼、乡饮、大射于孔子冢。孔子冢大一顷。故所居堂弟子内，后世因庙藏孔子衣冠琴车书，至于汉，二百余年不绝。高皇帝过鲁，以大牢祠焉。诸侯、卿、相至，常先谒然后从政。"史公自言"适鲁观仲尼庙堂车服礼器，诸生以时习礼其家"。此外汉人之言，及文学者，必称邹、鲁。邹、鲁所以为文学之乡，以其近圣人居故也。声灵赫濯如此，共王虽荒淫，安敢邎坏其宅？孔子宅果见坏，安得他处无一语及之乎？然则孔壁得书一事，殆子虚乌有之谈也。至于《左氏》，刘歆、班固，皆不言其所自来；《论衡》谓出孔壁，显系影响之谈。许《序》谓献自张苍，考《史记·张丞相列传》不言其事，似因其"好书无所不观"而托之。《太史公自叙》曰："左丘失明，厥有《国语》。"其《报任安书》亦云。下文又曰："左丘明无目。"宋祁曰："越本无明字。"王氏念孙曰："越本是也，景祐本及《文选》皆无明字。"见《读书杂志》。《论语》："子曰：巧言、令色、足恭，左丘明耻之，丘亦耻之；匿怨而友其人，左丘明耻之，丘亦耻之。"崔氏适曰："《集解》录孔安国注，则此章亦出《古论语》。"见《春秋复始》卷一。则本有左丘而无左丘明，有《国语》而无《春秋左氏传》。《国语》与《左氏春秋》系一书，而非《春秋》之传，见下。《楚元王传》曰："初，《左氏传》多古字古言，学者传训诂而已。及歆治《左氏》，引传文以解经，转相发明，由是章句义理备焉。"此语实歆作伪显证。何者？传本解经，何待歆引？曰歆引以解，则传之本不解经明矣。然则所谓《左氏传》者，恐《春秋》实无此传；而其得自何所，更不必论也。

然则汉时之所谓古文经者，果何从而来哉？曰：皆通知古字之人所造也。盖吾国之有文字旧矣。自皇古以至秦、汉，犹之自秦、汉以至今日也。今试一翻阅字书，自秦、汉至今日，字之废而不用者几何？夫自皇古以至秦、汉，则亦若是矣。然自秦、汉至今日，书籍之传者既多，又有字书以搜辑之，故字之废而不用者，仍有可考。自皇古至秦、汉，则又异是，故历时虽多，而废而不用之字，为人所识者甚少，此即今《说文》中所载之古文、奇字也。纵有遗漏，亦必不多。王莽、刘歆，造作古书，以淆乱学术，其罪诚大。然其改革政治，欲以均平贫富，则其心不可谓不苦，其力不可谓不弘。盖吾国古代，本许多小部落分立，各行平均之制。东周以后，乃日渐破坏，社会遂见贫富不均之象。此事之详当别论之。其为不平，较诸后世，殆倍蓰过之。故汉时儒者，或策限民名田，或主重农抑商；即桑孔言利之臣，犹以抑制并兼为借口；非无病而呻，时势使然也。然诸家徒能言之，其行之者惟一王莽。夫以当时风气，欲断然革故鼎新，固不能不托之于古。博士所传之说，势不能尽与吾合。枝枝节节而与之争，势且不胜，则莫如一举而摧毁之；欲一举而摧毁之，则莫如訾其所传之经为误且不备；此古文经之所由造。适会是时，有若干通知古字之人，遂用为造作之具，此则古文经之所由成也。夫何以知史籀有作，或异古文？以孔子书六经，左丘明作《春秋传》，所用之字，与《籀篇》不同故也。何以知古文至秦而绝？以孔子书六经，左丘明述《春秋传》，所用之字，秦时不行故也。何以知孔子书六经，左丘明述《春秋传》皆以古文？以得壁中书及张苍所献《左氏传》故也。然则许《序》所述史籀而后文字变迁，悉系根据古经追溯而得。后人谓许氏于字之变迁甚明，而不知许氏亦受人之欺；彼方自谓根据古经，得通古字，而不知当时所谓古经者，正据古字伪造也。

故汉时所谓古文学者，究其极，实不过一小学家之业。班《志》述小学始末曰："元始中，征天下通小学者以百数，各令记字于庭中,扬雄取其有用者以作《训纂篇》。"又曰:"《仓颉》多古字,俗师失其读。宣帝时,征齐人能正读者。张敞从受之。传至外孙之子杜林,为作训故。"与许《序》所述,小异大同。《孝平纪》:"元始五年,征天下通知逸经、古记、天文、历算、钟律、小学、史篇、方术、本草,及以五经、《论语》《孝经》《尔雅》教授者,在所为驾一封轺,传遣诣京师,至者数千人。"《王莽传》:"元始四年,征天下通一艺,教授十一人以上,及有《逸礼》《古书》《毛诗》《周官》《尔雅》、天文、图谶、钟律、月令、兵法、史篇文字,通知其意者,皆诣公车。网罗天下异能之士,至者前后千数,皆令记说廷中,将令正乖缪,壹异说云。"此与《志》所谓征通小学者以百数,许《序》所谓征礼等百余人者,皆系一事。许所称爰礼,仅《说文》平字下一引其说,他无可考。秦近,或云:"即桓谭《新论》秦近君,能说《尧典》篇目两字之谊至十余万言,但说'曰若稽古'三万言者。《后汉书》云:信都秦恭延君守小夏侯说文,增师法至百万言。延君、近君是一人。"未知信否。而讲学大

班 固
选自清乾隆八年(1743)刊本《晚笑堂竹庄画传》

夫，则莽所置官，欧阳政、徐宣等皆尝为之，见《汉书·儒林传》《后汉书·徐防传》。扬雄、张敞，尤为古学大宗。《扬雄传》云："不为章句，训诂通而已。"此即雄不守师法，专研小学之证。张敞者，杜邺外祖，《汉书》作邺，《说文序》作业。《汉书·郊祀志》称其"好古文字"，载其案美阳鼎铭上议事。《杜邺传》："从敞子吉学问，得其家书。吉子竦，又从邺学问，尤长小学。子林，正文字过于邺、竦，故世言小学者由杜公。"《后汉书·林传》："林前于西州得漆书《古文尚书》一卷，尝宝爱之，虽遭难困，握持不离身。"《儒林传》谓卫宏、徐巡，皆从之受。"贾逵为之作训，马融作传，郑玄注解，由是《古文尚书》遂显于世。"贾逵则许慎之师，卫宏又作《毛诗序》之人也。后汉明《左氏》及《周官》者，莫早于郑兴，兴之学出于刘歆。扬雄固刘歆、王莽之徒也。然则后汉时所谓古学者，推其原本，固皆出于数通小学之人。纬候之作，伪起哀、平，与古文经同时并出，然其说多本今文。则知所谓古文说者，实亦后出之物。当古学之初兴，其与今学异者，不过文字之间耳。以经说非一时可造也。此尤足证古学为小学家之业矣。卢植谓"古文科斗，近于为实，而厌抑流俗，降在小学"。当时之人之遇古学家，则诚得其实也。

即以文字论，当时所谓古文经，异于今文者，亦必寥寥无几。何也？今许《书》中所载古文、奇字，固寥寥无几也。夫使诚如王充之说，"百篇之书，莫能读者"，又如《伪孔传序》之说："科斗书废已久，时人无能知者"，必"以所闻伏生之书，考论文义"，乃得"定其可知者"，"增多伏生二十五篇",试问向、歆何由知之?可知所谓古文经,其异字实不多也。班《志》谓"扬雄取其有用者以作《训纂篇》",有用二字,最可玩味。《训纂》字数,合《仓颉》《爰历》《博学》,凡五千三百四十,此盖人人之所知,日用之所亟。其出于此者,则《扬雄传》所谓刘棻从雄问奇字,而亦即莽六书中之所谓古文、奇字者也。今郑注《仪礼》备载今古文异字,所谓古经,犹可窥见。班《志》谓刘向以《古文尚书》校三家经文,文字异者七百有余。《后汉书·刘陶传》:"推三家《尚书》及古文,是正文字三百余事,名曰《中文尚书》。"知当时所谓古文经,异于今文者,不过如此而已。

夫使真有古书为据,则所谓"出于屋壁,朽折散绝"者,其物之古近,夫岂口舌所能争?博士"而无从善服义之公心,或怀嫉妒,不考情实",刘歆但出其书以示之可矣,何待引鲁国柏公、赵国贯公、胶东庸生等以为征验?且以"先帝所亲论,今上所考视"相胁制哉?卫恒《四体书势》:"魏初传古文者,出于邯郸淳。恒祖敬侯,尝写淳《尚书》,后以示淳,而淳不别。至正始中,立《三字石经》,转失淳法,因科斗之名,遂效其形。"可知所谓古文经者,皆系时人手写之本,其真伪实不易究诘。王国维《汉时古文诸经有转写本说》谓古文经皆有写本,所见甚是;然其有无原本,则不可知也。而其字体亦不能无出入。江式《表》谓邯郸淳《三字石经》,"校之《说文》,隶篆大同,而古字以异"是也,此王莽之所以可改定古文也。

然则所谓古文者,特以其作法或与时俗不同而名之,犹今好古者每字皆照《说文》作之,世遂称其所写多古字耳。《仓颉篇》乃李斯作，而《汉志》谓其多古字；《王莽传》：征天下通史篇文字者，"孟康曰：史籀所作十五篇，古文书也"。可知古文即在籀、篆之中。以之与籀、篆分立为三体，实为后来之事。康有为曰："五经中无籀、篆、隶三字，惟《周官》有卿乘篆车，又多隶字，可见籀、篆、隶三字，其出甚晚，以之为书体之名，必后人所为。"见《新学伪经考》。诚不为无见矣。此不信古文者，所以称秦之隶书为仓颉时书；予所以谓许述文字变迁，皆古文既出后之说也。许氏之说，较班氏为详，即其逐渐增造之证。《后汉书·光武纪》注："汉制度曰：策书者，编简也。其制长二尺，短者半之。篆书。起年月日，称皇帝以命诸侯王。三公以罪免，亦赐策，而以隶书。用尺一木两行。"《马援传》注："《东观记》曰：'援上书：臣所假伏波将军印，书伏字犬外向。成皋令印，皋字为白下羊；丞印四下羊；尉印白下人，人下羊。即一县长吏，印文不同，恐天下不正者多。符印所以为信也，所宜齐同。荐晓古文字者，事下大司空，正郡国印章。奏可。'"然则篆、隶、古文，皆汉时所行用；便习史书者，皆能知之。试以六体，则皆知古文矣。特此辈徒能书写，一入古学家之手，遂能用之以造伪经耳。不龟手之药一也，或以封，或不免于洴澼絖，岂其所挟持之具，果有以异于人哉？

然则汉时之古学家，皆作伪欺世之徒，一无足取乎？曰：是亦不然。古学家之罪，在造伪经以淆乱学术；而其功，则在发明小学。天下事莫不有例行乎其间，然人知即事以求例，恒为后起之事，其初则但率由之而不自知。文字之学，亦犹是也。吾国之有文字，盖自三古以来，然研求其例，实始于汉，观予所论六书为汉时之说可知。前此之所谓小学者，盖特能讽其文，自许以前，字书皆韵语，故九千字可讽也。知其义，笔之于书而已。自有许氏所谓通人者流，相继研求，乃有所谓字例之条者；而小学之面目，乃焕然丕变焉。此辈所识之字，亦未必多于当时精习史书者，然其于小学，固不能谓其无功也，具详拙撰《字例略说》。

然则古文、籀、篆之变迁，可知已矣。自有文字以来，所谓"改易殊体"之事甚多。周人字书，存于秦、汉时者，厥惟《籀篇》。即《籀篇》中字异于秦、汉时通行者，而指目之，时曰籀书。又历古相传之字，既异《籀篇》，又殊秦篆者，则曰古文。古文之形体，有不与常行之字相中者，则曰奇字。此其名皆后人所立，其在当时，亦不过循文字变迁之公例，逐渐改易。以为有一人焉，有意改制，皆属后人误会。谓《籀篇》可考周时文字与周以前之不同，《仓颉》《爱历》《博学》等篇可考周、秦文字之不同则可；谓有史籀作《籀篇》，李斯、赵高、胡毋敬作《仓颉》《爱历》《博学》等篇，而字体因之改易则不可。文字之变迁，自有其公例，非一人所能为。此皆字体既异，作字书者，乃就当时所行之体书之耳。至于古文，其年代绵远者，或为后人所不能识，如封泰山、禅梁父者，仲尼、夷吾不能尽识是。若夫东周以后，则距秦、汉时代较近，学术传授，迄未尝绝；即有古书，字体决不能与秦汉大异，决非汉人所不能识。既知字体之改变非一人所为，即知孔子书六经、左丘明述《春秋传》皆以古文之说之诬。何者？籀书所著，必当时通行文字。孔子、左丘，岂有舍通行文字而独写古字之理邪？况乎汉人得古文经一事，核其事实，全属子虚，其为通知古字之人所造，更无疑义。然即此，却又可觇小学之进步。此予所论自汉以前文字变迁之大略也。

汉代得古文之说，本极支离，稍深思之，即知其误。乃自晚近治金石文字者，以许书所载古文为周末文字，更进而分古籀为东西二土文字，而其说转若可信，是亦不可不辨也。

晚近疑许书古文，言之成理者，当首推吴氏大澂。吴氏撰《说文古籀补》，其《自序》谓许书所引之古籀，有不类《周礼》六书者，"古器习见之字，即成周通用之文，皆许氏古文所无。然则郡国所出鼎彝，许氏实未之见"。又曰"窃谓许氏以壁中书为古文，实乃周末所作，言语异声，文字异形，非复孔子六经之旧简"也。陈氏介祺《序》亦谓许书"所引古文，校以今传周末古器，字则相似，疑孔壁古经，亦周末人传写"。罗振玉治殷虚龟甲文，所撰《殷商贞卜文字考》亦谓："许书所载之籀与古或异之字，证以刻辞，文字往往古、籀本合。"然则史篇之文，与壁中或异，"非籀与古之异，乃古文自异也"。许"所谓与古文或异者，乃就当世仅存之《史籀九篇》以校壁中古文。许君盖知大篆即古文，而复著其异于古文者，犹篆文之下，并载或体。其曰籀文作某，犹云史篇作某。古语简质，后人遂至误会"也。夫文字公器，其存其废，一随社会为转移。周宣王时既行籀文，孔子、左丘，安得生今反古？此许说最可疑之处也，自得此说而此疑解矣。然谓此说可信，则必信七国时诸侯力政，不统于王，言语异声，文字异形之说。其说之不可信，已辨于前。且李斯之奏同文字也，罢六国文之不与秦合者。斯及赵高、胡毋敬作字书,又皆取史籀大篆,是六国皆诡更正文,秦独不然也。又何说以解之?王国维乃复立《说文》所载古、籀为周、秦间东西二土文字之说。《战国时秦用籀文六国用古文说》曰:"古文籀文,其源皆出于殷、周古文;而秦居宗周故地,其文字犹有丰、镐之遗,故籀文与自籀文出之篆文,其去殷、周古文,反较东方文字为近。""刻辞文字,同于篆文者十五六;而合于许书所载之古籀,乃十无一二。盖相斯所罢,皆列国诡更之文,所存多《仓史》之旧"。《史籀篇疏证序》曰:"《史籀》一书,殆出宗周文胜之后,春秋、战国之间;秦人作之以教学童,而不行于东方诸国。故齐、鲁间文字,作法体势,与之殊异。王氏谓许书古文,与籀文、篆文颇不相近,六国遗器亦然。诸儒著书口说,亦未有及之者。惟秦人作字书,乃独取其文字,用其体例。"《战国时秦用籀文六国用古文说》又曰:"《仓颉》三篇未出,大篆未省改以前,所谓秦文,即籀文也。司马子长曰:秦拨去古文。扬子云曰:秦划灭古文。许叔重曰:古文由秦绝。秦灭古文,史无明文;有之惟一文字与焚诗书二事。六艺之书,行于齐、鲁,爰及赵、魏,而罕流布于秦。其书皆以东方文字书之,汉人以其用以书六艺,谓之古文。而秦人所罢之文,与所焚之书,皆此种文字,是六国文字,即古文也。观秦书八体,有大篆,无古文。而孔子壁中书与《春秋左氏传》,凡东土之书,用古文不用大篆,是可识矣。"《说文所谓古文说》又曰"《说文》古文,又自成一系,与殷、周古文,截然有别。盖无出壁中书及《春秋左氏传》以外者。即有数字,不见于今经文,亦当在逸经

秦权量全拓拓片

中；或因古今经字有异同之故"，谓"战国文字，非孔子及丘明时文字也"。《战国时秦用籀文六国用古文说》又曰："自秦灭六国，袭百战之威，行严峻之法，以同一文字。凡六国文字之存于古籍者，已焚烧划灭；而民间日用文字，又非秦文不得行。观传世秦权量等，始皇廿六年诏后，多刻二世元年诏，虽亡国一二年中，而秦法之行如此，则当日同文字之效可知矣。故自秦灭六国，以至楚、汉之际，十余年间，六国文字，遂遏而不行。汉人以六艺之书，皆用此种文字，又其文字为当日所已废，故谓之古文。此语承用既久，遂若六国之古文即殷、周古文，而篆、籀皆在其后。"《说文所谓古文说》又曰：其实《叙》"所谓籀文与古文或异者，非谓《史籀》大篆与《史籀》以前之古文或异，而实谓许君所见《史籀》九篇，与其所见壁中书，时或不同。以所见《史籀篇》为周宣王时书，所见壁中古文为殷、周古文，乃许君一时之疏失也"。王氏之说如此。得此以资调停，而秦与六国文字之不同，其疑亦若可释。而汉人所谓古文经者，虽非孔子、左丘之遗，亦若不失为六国时物矣。

然汉人得古文经之说，有最不可通者。夫以古文经为尽人所能识，则不足以傲今文家。若其不然，则古文必大异于籀篆而后可，然今《说文》中古文，寥寥可数也。今若案《说文》写经，有古文者皆写古文，无古文者乃写籀、篆，其去全以籀篆写之者无几也，安得为恒人所不识？谓古经实多古字，《说文》所载仅此耶？则自古经之出，至于许君，经学、字学，传授皆有端绪，遗佚安得如此其多？自东周以后，文化日蒸，学术传授，迄未尝绝。谓孔子、左丘所用文字，为汉人所不识，已不近情。况乎秦有天下，仅十五年，六国之民，存者何限，岂六国时字，汉人亦不能识耶？秦人法令虽酷，然天下之大，终必有威力所不及者。谓经焚书一役，古书存者，遂尔绝无仅有，虽传授之广如六经，亦必待屋壁之藏而后备，《史记·六国表》："秦既得意，烧天下诗书。诸侯史记尤甚，为其有所刺讥也。《诗》《书》所以复见者，多藏人家；而史记独藏周室，以故灭。"可见当时所尽，惟在官书，私家之书，原不能尽。亦决非情理也。王氏于此乃又为之说，其《说文今叙篆文合以古籀说》曰："许君《说文叙》云：今叙篆文，合以古、籀。段君玉裁注之曰：小篆因古、籀而不变者多。其有小篆已改古、籀，古、籀异于小篆者，则以古、籀附小篆之后，曰古文作某，籀文作某。此全书之通例也。其变例则先古、籀，后小篆。"又于皆取史籀大篆或颇省改下，《注》曰：许所列小篆，固皆古文大篆。其不云古文作某、籀文作某者，古、籀同于小篆也。"其既出小篆，又云古文作某，籀文作某者，则所谓或颇省改者也。"此数语可谓千古卓识。虽然段君所举二例，犹未足以尽《说文》。何则？如段君之说，必古、籀所有之字，篆文皆有而后可。然秦易籀为篆，不独有所省改，抑且有所存废。凡三代之制度名物，其字仅见于六艺，而秦时已废者，李斯辈作字书时必所不取也。今《仓颉》三篇虽亡，然足以窥其文字及体例者，犹有《急就篇》在。《急就》一篇，其文字皆《仓颉》中正字。其体例，先名姓字，次诸物，次五官，皆日用必需之字；而六艺中正字，十不得四五。故古、籀中字，篆文固不能尽有。且《仓颉》三篇，五十五章，章六十字，凡三千三百字，且尚有复字，加以扬雄《训纂》，亦只五千三百四十字；而《说文》正字，多至九千三百五十三。此四千余字者，许君何自得之乎？曰：此必有出于古文、籀文者矣。故《说文》通例：如段君说，凡古、籀与篆异者，则出古文、籀文；至古、籀与篆同，或篆文有而古、籀无者，则不复识别。若夫古、籀所有，而篆文所无，则既不能附之于篆文后，又不能置而不录，又无于每字下各注此古文、此籀文、此篆文之例，则此种文字，必为书中之正字审矣。故《叙》所云今叙篆文合以古、籀者，当以正字言，而非以重文言。重文中之古、籀，乃古、籀之异于篆文及其自相异者。正字中之古、籀，则有古、籀、篆文俱有此字，亦有篆文所无而古、籀独有者。全书中引经以说之字，大半当属第二类矣。《史记所谓古文说》又曰：汉初古文、籀文之书未尝绝也。太史公修《史记》时所据古书，若《五帝德》，若《帝系姓》，若《谍记》，若《春秋历谱谍》，若《国语》，若《春秋左氏传》，若《孔氏弟子籍》，凡先秦六国遗书，非当时写本者，皆谓之古文。其文字虽已废不用，然当时尚非难识；故《太史公自序》云，年十岁则诵古文。惟六艺之书，为秦所焚，故古写本较少。然汉中秘有《易古文经》；河间献王有古文先秦旧书《周官》《尚书》《礼》《礼记》，固不独孔壁书为然。至孔壁书出，于是《尚书》《礼》《春秋》《论语》《孝经》，皆有古文。孔壁书之可贵，以其为古文经故，非徒以其为古文故也。盖汉景、武间，距用古文之战国不及百年，其识古文，当较今日之识篆隶为易。乃《论衡·正说篇》谓鲁恭王得百篇《尚书》于屋壁中，使使者取视，莫能读者。作伪《孔安国尚书序》者仍之，谓科斗书废已久，时人莫能知。卫恒《四体书势》亦云：汉武时，鲁恭王坏孔子宅，得《尚书》《春秋》《论语》《孝经》，时人已不复知有古文，谓之科斗书。是亦疏矣。自武、昭以后，先秦古书，传世益少；其存者往往归于秘府。于是古文之名，渐为壁中书所专有。然秘府古文之书，学者亦类能读之。如刘向以中古文《易经》校施、孟、梁丘经及费氏经；以中古文《尚书》校欧阳，大、小夏侯三家经文；又谓《礼古经》与十七篇文相似，多三十九篇；谓《孝经》诸家说不安处，古文字读皆异。刘歆校秘书，见《古文春秋左氏传》，大好之。子政父子，皆未闻受古文字学，而均能读其书，是古文讫于西京之末，尚非难识如王仲任辈所云也。王氏《汉书所谓古文说》又云："《汉书·艺文志》所录经籍，冠以古文二字若古字者，惟《尚书古文经》四十六卷，《礼古经》五十六卷，《春秋古经》十一篇、《论语》古二十一篇、《孝经古孔氏》一篇。然中秘古文之书，固不止此。如《六艺略》所录《孔子徒人图法》二卷，未必非太史公所谓《弟子籍》；《数术略》所录《帝王诸侯世谱》二十卷、《古来帝王年谱》五卷，未必非太史公所谓《谍记》及《春秋历谱谍》。而志于诸经外书，皆不著古今字。盖诸经之冠以古字者，所以别其家数，非徒以其文字也。"王氏此说，谓《说文》正字中亦有古文，则古字太少之疑解。谓古文非恒人所不能识，汉初古籀之书亦未尝绝，则汉人不识六国时字，及六国时书经秦一焚而即尽之疑亦解。古文书之奇秘，大减于前，然其说则较前平易可信。汉人之所谓得古文经者，真若有六国时物为其所得矣。然予终疑汉人所谓古文经为汉人用古字伪造，即王氏之说，亦未允也。何以明之？

案王氏之说，最紧要之关键，在"六艺之书，行于齐、鲁，爰及赵、魏，而未尝流布于秦，其书皆以东方文字书之"，及《史籀》一书，"秦人作之以教学童，而不行于东方诸国"二语。使此二语而确，则谓周、秦间东西文字有异可也。然所谓六艺之书，以东方文字书之者，乃即借汉人"孔子书六经，左丘明述《春秋传》"之说为证；"行于齐、鲁，爰及赵、魏，而罕流布于秦"，则更无确据，安足取信？秦焚诗书，以非博士官所职为限。此博士官所职，一切得自六国，而秦固无有耶？吕不韦集知略之士以造《春秋》，其中儒家言实最多。如王氏说："《二戴记》亦古文，见下。而《吕氏十二纪》，即大同《戴记·月令》；然则不韦之书，秦亦无人能读耶。籀文不传东方诸国，其根据，当在"齐、鲁间文字，作法、体势，与之殊异"一语。此语之根据，又当在"许书所出古文，与籀文、篆文颇不相近，六国遗器亦然"一语。然古器传于今者甚少，其中且有伪物，字迹辗转相放，古字之可考者，亦极有限耳。执此有限之字，遂定当日文字东西不同，亦未免早计也。王氏既谓六国文字与篆、籀不近,又谓《说文》正字中亦有古文。然则此古文即六国文字之在《说文》正字中者,作法、体势,何以又与籀、篆相近乎?且谓李斯等作字书,不能尽六艺中字,许书引经以说之字,大抵属于古文,亦未思班固续《训纂》作《十三章》,明言"六艺群书,所载略备",《十三章》字数,少于许书者尚三千余也。谓诸儒著书、口说,不及《籀篇》,则古代之书,为诸儒所未及者何限?可一举而伪之乎?古书率详经世之业,皆成人之事,涉小学者极少,安所取而及识字之书哉?秦书八体,说不足信,辨已见前。《汉志》小学家有八体六技,而无秦书八体之说,则此八体不能指为许《序》之秦书八体。据其中无古文为秦废六国文字之证,亦不可信也。文字公器,其存其废,一随社会为转移,本非官力所能强制;即曰能之,亦能及公,不能及私。权量、刻石,皆官物也。王氏于"秦文不得行"上,加以"民间日用"四字,秦人果有何权力而能及此乎?谓"汉初古文、籀文之书未尝绝",又谓"六国文字存于古籍者,已焚烧划灭",说亦矛盾。若谓"六艺之书,为秦所焚,故古写本较少",则秦人焚书,固兼及百家语也。至谓"先秦六国遗书,非当时写本者,皆谓之古文",则说尤牵强。古文二字,自指文字言,非可以为古书之称也。王氏所举证,如《汉志》等,皆古经既出后之说,不足为据;其最足据者,则《史记》也。案古文二字,见于《史记》者凡八。今不避繁冗,一一辨之。

《五帝本纪》:"太史公曰:学者多称五帝,尚矣。然《尚书》独载尧以来,而百家言黄帝,其文不雅驯,荐绅先生难言之。孔子所传《宰予问五帝德》及《帝系姓》，儒者或不传。余尝西至空桐，北过涿鹿，东渐于海，南浮江、淮矣，至长老皆各往往称黄帝、尧、舜之处，风教固殊焉。总之不离古文者近是。予观《春秋》《国语》，其发明《五帝德》《帝系姓》，章矣。顾第弗深考，其所表见皆不虚。书缺有间矣，其轶乃时时见于他说。非好学深思，心知其意，固难为浅见寡闻道也。余并论次，择其言尤雅者，故著为本纪书首。"

案《史记》一书，为后人窜乱最多。观近人崔氏适所著《史记探源》可见。此书间有过疑处，亦有当疑而未尝疑者，然大体则是。此赞文义且几于不通，其决非史公原文，尤不待言也。"总之不离古文者近是。"所谓古文，系指何书乎？《索隐》曰："古文，即《帝德》《帝系》二书也。"然则上文何不如《吴大伯世家》之例，径称此二书为古文，而于此处突焉改称，谁明之乎？所谓《春秋国语》，当必指《左氏》及《国语》言之，今此二书具存，发明《五帝德》《帝系姓》者安在？今《帝德》《帝系》，具存《大戴记》中；文字明白，孰不能晓？岂转待《左氏》《国语》之单辞只义，以发明之耶？"顾第弗深考，其所表见者皆不虚"，语不可解。"书缺有间矣。其轶乃时时见于他说。"又即指《春秋国语》发明《五帝德》《帝系姓》言之，何烦作此重复之辞乎？盖古书遭后人窜乱，有有意为之者，有无意致然者。无意窜乱之中，后人校识之语，混入正文者尤多。详见予所撰《章句论》。"予观《春秋》《国语》。其发明《五帝德》《帝系姓》章矣"，盖一人所窜；而"书缺有间"云云，则又读此二语之识语也。

《三代世表》:"太史公曰:余读《谍记》,黄帝以来,皆有年数。稽其历谱谍,终始五德之传,古文咸不同,乖异。"

案此谓谍记皆有年数,与《十二诸侯年表》云"谱谍独记世谥"矛盾。

《十二诸侯年表》:"太史公曰:儒者断其义,驰说者骋其辞,不务综其终始。历人取其年月,数家隆于神运,谱谍独记世谥,其辞略,欲一观诸要难。于是谱十二诸侯,自共和讫孔子,表见《春秋》《国语》,学者所讥盛衰大指著于篇,为成学治古文者要删焉。"《集解》:"徐广曰:一云治国闻者也。"

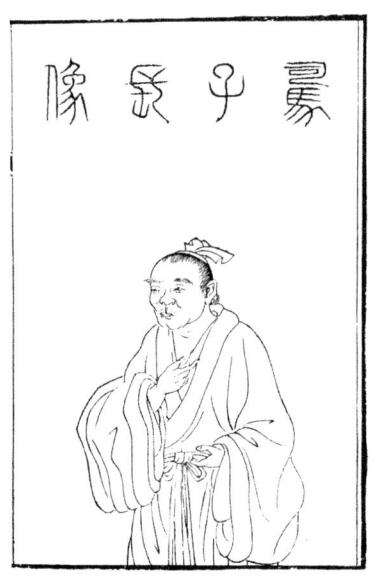

司马迁
选自清道光十年(1830)刊本《古圣贤像传略》

案《春秋》之作,盖以明义。故曰:"其事则齐桓、晋文,其文则史,其义则丘窃取之矣。"太史公亦曰"《春秋》文成数万,其指数千"也。此篇上文云:"孔子明王道,千七十余君,莫能用。故西观周室,论史记旧闻,兴于鲁,而次《春秋》;上记隐,下至哀之获麟,约其辞文,去其烦重,以制义法,王道备,人事浃。七十子之徒,口受其传指,为有所刺讥、褒讳、挹损之文辞。不可以书见也。鲁君子左丘明,惧弟子人人异端，各安其意，失其真，故因孔子史记，具论其语，成《左氏春秋》。铎椒为楚威王傅，为王不能尽观《春秋》，采取成败，卒四十章，为《铎氏微》。赵孝成王时，其相虞卿，上采《春秋》，下观近势，亦著八篇，为《虞氏春秋》。吕不韦者，秦庄襄王相，亦上观尚古，删拾《春秋》，集六国时事，以为八览、六论、十二纪，为《吕氏春秋》。及如荀卿、孟子、公孙固、韩非之徒，各往往捃摭《春秋》之文以著书，不可胜记。汉相张苍历谱五德。上大夫董仲舒推《春秋》义，颇著文焉。"所谓"孔子次《春秋》，七十子之徒口受其传指"，"董仲舒推《春秋》义，颇著文焉"，以及铎氏、虞氏、吕氏、荀、孟、公孙固、韩非之徒，苟所采摭而出于孔子所修《春秋》之传指，皆所谓"儒者断其义"也。苟仅采摭行事，以助辞说，则所谓"驰说者骋其辞"也。"鲁君子左丘明"以下三十五字，必遭后人窜改。意与《汉志》论《左氏》之语略同。然彼云"论本事而作传"，此云"成《左氏春秋》"，即其窜改未尽之迹。盖因与《虞氏春秋》《吕氏春秋》并举，故得不改也。《左氏》元书，盖其所记之事，与孔子托以明义之事略同；而其书则与孔子所修之《春秋》无涉。故必待刘歆"引传文以解经"也，见前。以其分国编纂也，则谓之《国语》；以其著书之人名之，则谓之《左氏春秋》；犹《吕氏春秋》又称《吕览》，盖亦所谓"驰说者骋其辞"也。张苍历谱五德，则所谓"数家隆于神运"者也。儒者、驰说者，既不综事之终始；数家及谱谍，虽具朝代、世次，而亦不详年月；惟历人独有取焉。《十二诸侯年表》，盖取此数家之朝代、世系、事迹，一一以历人之年月编排之。故此表未成以前，欲"一观诸要难"；既成以后，则此数家所记，一一挈其纲领，得所会归，故曰："为成学治国闻者要删焉。""国闻"者，对野获之辞。若有如今之《左氏传》，则固已综其事之终始，具其世次、年月，太史公何得一笔抹杀，自专"要删"之功？若云当作古文，他书固勿论，岂张苍、董仲舒著书，亦写以古文邪？

《封禅书》："群儒既已不能辨明封禅事，又牵拘于诗书古文而不能骋。"

案崔氏适谓此书已亡，后人录《汉书·郊祀志》补之是也。即不论此，此二语亦有不可解者。如王氏说，凡古书概称古文，此处及自序之"秦拨去古文，焚灭诗书"，又皆以古文与诗书对举，似括各种古书言之矣。然《自序》又曰："厥协六经异传，整齐百家杂语。"正以诗书与百家语对举，与《秦始皇本纪》同，何邪？

《吴太伯世家》："太史公曰：余读《春秋》古文，乃知中国之虞与荆蛮句吴兄弟也。"

案此语王氏谓"乃据《左氏》宫之奇所云：太伯、虞仲、太王之昭"以为说，似矣。然如前文所辨，实只有《国语》，有《左氏春秋》，而无《左氏传》。即谓不然，太史公最信《公羊》，自序一篇，昭然可见。安得于此，忽尊《左氏》，系之《春秋》？况如王氏说，古文二字即古书之谓，而乃系之《春秋》二字之下，曰《春秋》古书，毋乃不词乎？

《仲尼弟子列传》："太史公曰：学者多称七十子之徒，誉者或过其实，毁者或损其真，钧之未睹厥容貌，则论言弟子籍，出孔氏古文近是。余以弟子名姓、文字，悉取《论语·弟子问》并次为篇，疑者阙焉。"

案此赞亦妄人所为，不值一噱。以貌取人，古人所戒。毁誉失实，即睹其容貌何益？且"钧之未睹厥容貌"，与"则论言弟子籍"句，如何相接？此赞文义之不通，更甚于《五帝本纪赞》，疑亦杂钞后人识语，而又有讹夺，并非有意改窜也。仲尼弟子，《史记》而外，惟王肃所定《家语》有之。正伪造孔氏古文之人也，此语为后人所窜无疑。

《太史公自序》："太史公既掌天官，不治民。有子曰迁。迁生龙门，耕牧河、山之阳。年十岁则诵古文；二十而南游江、淮，上会稽；探禹穴，窥九疑；浮于沅、湘；北涉汶、泗；讲业齐、鲁之都；观孔子之遗风，乡射邹、峄；厄困鄱、薛、彭城，过梁、楚以归。于是迁仕为郎中，奉使西征巴、蜀以南，南略邛、笮、昆明，还报命。"

案前后各句皆地名，太史公自述经历，所重在地也。羼入"则诵古文"一句，伪造之迹甚显。若太史公自述所学，则可讬之事多矣，何得单举诵古文一事。

又："维我汉继五帝末流，接三代统业。周道废，秦拨去古文，焚灭《诗》《书》，故明堂、石室、金匮、玉版图籍散乱。于是汉兴，萧何次律令，韩信申军法，张苍为章程，叔孙通定礼仪，则文学彬彬稍进，《诗》《书》往往间出矣。自曹参荐盖公，言黄老，而贾生、晁错明申、商，公孙弘以儒显，百年之间，天下遗文古事，靡不毕集太史公。太史公仍父子相续，纂其职。"

案"拨去古文"句之不可信，已辨于前。曰"遗文古事、靡不毕集太史公"，则古书之不可但称古文也审矣。

以上皆《史记》中古文字不能作为古书解者。即求之《汉书·郊祀志》，张敞上议曰："臣愚不足以迹古文。"则承上"今鼎出于郊东，中有刻书曰"云云言之也。《艺文志》：刘向"以中古文《易经》校施、孟、梁丘经"，以中古文冠《易经》。又云："以中古文校欧阳，大、小夏侯三家经文"，则承上文安国献之言之。云《孝经》"经文皆同，唯孔氏壁中古文为异"，则承上经文言之也。《楚元王传》："而上方精于《诗》《书》，观古文"，则承《诗》《书》言之也。云"及歆校秘书，见古文《春秋左氏传》"，"及歆亲近，欲建立《左氏春秋》及《毛诗》《逸礼》《古文尚书》"，则以古文冠《春秋左氏传》及《尚书》也。歆移书太常博士曰："而得古文于坏壁之中，《逸礼》有三十九，《书》十六篇。"则以古文冠《逸礼》及《书》。曰"其古文旧书，皆有征验"，则"古文旧书"四字连言。曰："夫礼失求之于野，古文不犹愈于野乎？"则承上文诸书名言之也。《景十三王传》："河间献王所得，皆古文先秦旧书，《周官》《尚书》《礼》《礼记》《孟子》《老子》之属"，则"古文先秦旧书"六字连言，下乃列举其书名也。曰鲁恭王余"坏孔子旧宅，于其壁中得古文经传"，则"古文经传"四字连言也。《杨胡朱梅云传》："推迹古文，以《左氏》《谷梁》《世本》《礼记》相明。"则冒《左氏》《谷梁》《世本》《礼记》言之也。即《地理志》于《古文尚书》家说，但谓之"古文"，亦以《序》已有"采获旧闻,考迹《诗》《书》,推表山川,以缀《禹贡》《春秋》"之言故也。亦未有径以古文二字为古书者。王氏据《史记》伪误之文,别生新解,不亦凿乎?

王氏又博考诸经之古文本。其中除《易》中古文本、费氏本、《书》孔氏本、《礼》孔壁淹中本、《春秋》孔壁本、《左氏》孔壁本、《论语》《孝经》,皆见《志》及许《序》,前已辨其不足信外,《孝经》又见许冲《表》,其不足信与许《序》同。其谓《书》有伏氏本,本《史记·儒林传》。《儒林传》云:"伏生者,济南人也。故为秦博士。孝文帝时,欲求能治《尚书》者,天下无有。乃闻伏生能治,欲召之。是时伏生年九十余,老不能行,于是乃诏太常,使掌故晁错往受之。秦时焚书,伏生壁藏之。其后兵大起,流亡。汉定,伏生求其书,亡数十篇,独得二十九篇,即以教于齐、鲁之间,学者由是颇能言《尚书》。诸山东大师,无不涉《尚书》以教矣。伏生教济南张生及欧阳生,欧阳生教千乘兒宽"云云,自"秦时焚书"以下六十三字,与上下文绝不联属。《太史公自序》云"晁错明申、商",《汉书》作"申、韩"。今观《晁错传》,凡所建白,多法家及兵家言,绝无及《尚书》者。古人学问,皆由口耳相传,不恃竹帛。伏生传《书》,何至专恃壁藏;壁藏有亡,遂独以二十九篇为教乎?今《逸书》篇名见于《尚书大传》者甚多,何至独能忆二十九篇哉?《逸书》篇名见于《书大传》者有:《九共》《帝告》《说命》《大誓》《嘉禾》《揜诰》《大战》《揜诰》《多政》,凡九。然此乃《逸书》,伏生所传之《书》,固无不备;犹《诗》三百五篇,而佚诗散见者亦甚多也。既云"汉定，伏生即以教于齐、鲁之间"，又云"文帝时求能治《尚书》者，天下无有"，然则山东大师及伏生所教者何往邪？《史记》此节，为后人伪窜，殆无疑义矣。其云《书》《礼》《礼记》之河间本及《周官》，同本《汉书·景十三王传》。《传》云："献王所得，皆古文先秦旧书，《周官》《尚书》《礼》《礼记》《孟子》《老子》之属，皆经、传、说、记七十子之徒所论。"此三句文义亦不相联属。《老子》并非经、传、说、记七十子之徒所论也。且此事不见《史记》，其为傅会，亦属显然。《隋书·经籍志》："汉初，河间献王又得仲尼弟子及后学者所记一百三十一篇，献之，时亦无传之者。至刘向考校经籍，检得一百三十篇，向因第而叙之；而又得《明堂阴阳记》三十三篇、《孔子三朝记》七篇、《王史氏记》二十一篇、《乐记》二十三篇，凡五种，合二百十四篇。戴德删其繁重，合而记之，为八十五篇，谓之《大戴记》。而戴圣又删大戴之书为四十六篇，谓之《小戴记》。汉末，马融遂传《小戴》之学。融又作《月令》一篇、《明堂位》一篇、《乐记》一篇，合四十九篇。而郑玄受业于融，又为之注。"王氏谓"《经典释文叙录》引刘向《别录》云：古文记二百十四篇，数正相合。则献王所得《礼记》，盖即《别录》之古文。是大、小《戴记》本出古文。《史记》以《五帝德》《帝系姓》，孔氏弟子籍为古文，亦其一证也。"案《释文叙录》云："刘向《别录》云古文记二百四篇。"又引陈邵《周礼论序》云："戴德删古礼二百四篇为八十五篇，谓之《大戴礼》。戴圣删《大戴礼》为四十九篇，是为《小戴礼》。后汉马融、卢植，考诸家同异，附戴圣篇章；去其繁重，及所叙略，而行于世，即今之《礼记》是也。郑玄亦依卢、马之本而注焉"。两说皆谓古文记二百四篇；王氏谓《释文》引《别录》云二百十四篇者误也。然此二百四篇中，百三十一篇实为今学；陈邵，《隋志》谓删古文记为之，亦误也。《汉志》：《礼》家"《记》百三十一篇"自注："七十子后学者所记也。"此为今学，即诸家所谓《大戴记》百三十一篇者。又"《明堂阴阳》三十三篇""《王史氏》二十一篇"，此即所谓"多三十九篇及《明堂阴阳》《王史氏记》者"。见前。此外《曲台后仓记》乃汉师所撰；《中庸说》《明堂阴阳说》皆说。《周官经》《周官传》，别为一书；《军礼司马法》，班氏所入；《封禅议》《封禅群祀议奏》，皆汉时物。惟《古封禅群祀》可以相加。其书凡十九篇，合《记》百三十一篇及《明堂阴阳》《王史氏记》凡二百七。如《隋志》言《月令》《明堂位》《乐记》为后加，则正二百四也。然《乐记正义》引《别录》：《礼记》四十九篇。《后汉书·桥玄传》："七世祖仁，著《礼记章句》四十九篇。"仁即《前书·儒林传》所谓小戴授梁人桥仁季卿者。《曹褒传》：父充，治庆氏礼。褒"又传《礼记》四十九篇，庆氏学遂行于世"。一似《礼记》四十九篇，为大、小戴，庆氏所共者，抑又何邪？案陈邵言马融、卢植，去其繁重，及所叙略，而不言更其篇数，明有所加亦有所减，而篇数则仍相同。今《礼记》《曲礼》《檀弓》《杂记》，皆分上下，实四十六篇。四十六加《大戴记》八十五，正百三十一。然则

《别录》所谓二百四篇者，其目已具《汉志》；其中百三十一篇，实博士相传之旧，无所谓删古记而为之也。然今《礼记》四十九篇，其中多杂古文说，何也？曰：记与传不同。孔子删定之书，名之曰经；后学释经之书，称之曰传。经以明义，传以释经，于事固不能尽具。夫其不能尽具者，或本诸义以为推，此即《汉志》所讥后仓等"推士礼而致于天子"之说，实即《礼运》所谓"礼虽先王未之有，可以义起"也。或取旧制以资补苴，此则《仪礼正义》所谓"凡记皆补经所不备"，今《礼记》中多有"记曰"字，《疏》皆以为旧记是也。诸经皆所重在义，义得则事可忘。惟礼须见诸施行，虽可本诸义以为推，然苟有旧记以资参证，事亦甚便。此《礼》家先师，所以视记独重，诸经皆无所谓记，而《礼》独有之也。然则今文《礼》家，固不妨兼有古文之记；此正可见今文先师之弘通博洽矣。今《礼记》中《奔丧》《投壶》，郑皆谓同《逸礼》；则古文家所谓《逸礼》，原不过拾今文之唾余，而转訾今文家于国家大礼，幽冥而莫知其原，可谓善诬矣。然则安有所谓删古礼而为百三十一篇者？而王氏以《二戴记》原出古文，不愈疏乎？至于《毛诗》，则汉人本不言有古文本，即王氏亦谓无之。《汉志》："又有毛公之学，自谓子夏所传，而河间献王好之。"自谓云者，不信之之词也。此亦可见河间得旧书云云，为子虚乌有之词矣。据杜林漆书《古文尚书》、郑玄注《礼》以古校今，而谓古文经有转写本，则愈疏矣。原本且不可信，况转写本乎？汉代之所谓古文经者，其不可信如此，故予终以为汉人用古字伪造也。

汉时之所谓古文者，流俗又称为科斗书；其后遂举异于通行之字，为时人所不识者，皆被以科斗之名；则其名尤鄙陋，而其事尤无据矣。案称古文为科斗者，始见于《后汉书·卢植传》。《书序疏》古文者，仓颉旧体，周世所用之文字。孔子壁内古文即仓颉之体，故郑玄云："《书》初出屋壁，皆周时象形文字，今所谓科斗书。"以形言之为科斗，指体，即周之古文是，郑玄犹未用科斗之名也。《传》云："时始立太学石经，以正五经文字。植乃上书曰：古文科斗，近于为实；而厌抑流俗，降在小学。中兴以来，通儒达士，班固、贾逵、郑兴父子，并敦悦之。"《家语后序》："天汉后，鲁恭王坏夫子故宅，得壁中诗书，悉以归子国。子国乃考论古今文字，撰众师之义，为《古文论语训》十一篇，《孝经传》二篇，《尚书传》五十八篇，皆所得壁中科斗本也。"又子国孙衍上书曰："臣祖故临淮太守安国，仕于孝武皇帝之世；时鲁恭王坏孔子故宅，得古文科斗《尚书》《孝经》《论语》，世人莫有能言者。安国为之今文读而训传其义。"卫恒《四体书势》："自黄帝至三代，其文不改。及秦用篆书，焚烧先典，而古文绝矣。汉武时，鲁恭王坏孔子宅，得《尚书》《春秋》《论语》《孝经》，时人以不复知有古文，谓之科斗书。"《水经注·泗水篇》："自秦烧《诗》《书》，经典沦缺。汉武帝时，鲁恭王坏孔子宅，得《尚书》《春秋》《论语》《孝经》，时人已不复知有古文，谓之科斗书。"此并以汉时之所谓古文为科斗书也。其后晋人得汲冢书；南齐时，襄阳发古冢，得竹简，亦皆称其字为科斗书。晋人得汲冢书，事见杜预《左传集解后序》及《疏》引王隐《晋书·束皙传》。今《晋书·束晳传》、杜《后序》曰：汲郡汲县有发其界内旧冢者，大得古书，皆简编科斗文字，科斗书久废，推寻不能尽通始者藏在秘府，余晚得见之。《疏》引王隐《晋书·束晳传》曰：太康元年，汲郡民盗发魏安釐王冢，得竹书科斗漆字之文。今《晋书·束晳传》曰：太康二年，汲郡人不准盗发魏襄王墓，或言安釐王冢，得竹书数十车。漆书，皆科斗字。南齐时襄阳发冢得书事见《南齐书·文惠太子传》，云：时襄阳有盗发古冢者，相传云是楚王冢，大获宝物：玉屐、玉屏风、竹简书、青丝纶。简广数分，长二尺，皮节如新，后人有得十余简以示抚军王僧虔，僧虔云是科斗书《考工记》，《周官》所阙文也。

案汲郡襄阳所得，果何代物不可知，就令真为古物，其文亦今已不传。今得考见汉人所谓古文者，莫如魏正始中所立三字石经。此经实行卢植之说。《书势》云："魏初传古文者，出于邯郸淳；恒祖敬侯，尝写淳《尚书》，后以示淳，而淳不别。至正始中，立三体石经，转失淳法；因科斗之名，遂效其形。太康元年，汲郡人盗发魏襄王冢，得策书十余万言。案敬侯所书，犹有仿佛。"据此，知当时书石经者，所讹仅笔画形状，字体当无所失。今此经于清光绪二十年在洛阳出土。案其所列古文，与《说文》所载并无大异，知汉人所谓古文，不过如此。王隐《书》云："科斗文者，周时古文也；其字头粗尾细，似科斗之虫，故俗名之焉。"《后汉书·卢植传》注亦曰："古文，谓孔子壁中书，形似科斗，因以为名。"知科斗之名，原因笔画形状而立。然观"因科斗之名，遂效其形"云云，则当时作古文者，即于笔画形状，亦无真知灼见也。《晋书·束晳传》又云："时有人于嵩高山下得竹简一枚，上两行科斗书，传以相示，莫有知者。司空张华以问晳，晳曰：此汉明帝显节陵中策文也。检验果然。时人伏其博识。"此则明以汉时篆书为科斗文，知当时之所谓古文者，多此类矣。《仪礼·士冠礼》疏：武帝之末，鲁恭王坏孔子宅，得《古仪礼》五十六篇，其字皆以篆书是为古文，亦以篆书为古文。

第四章

隶书八分正书

如上所论，中国文字，完整可见者，当始于籀篆。籀篆并非书体之异名，见前《籀篇》。六体当不异许书，其所异者，《说文》所载尚当十得其六，以籀书十五篇。建武时亡者六篇，其九篇犹为许所见也。籀篆之所以完整，可见以汉时犹有字书存也。籀篆以前之文字，今尚不能知其详；其如何变迁而成篆书，更无由知之矣。由今日观之，则隶之变篆，草之变隶，实为字形之大变；正书乃隶书之小变，行则介乎真草之间者耳。然其变迁之始，亦不过笔势之殊，作始也简，将毕也巨；自后视之，截然两体。当其初，则其别仅在微茫，竭后人之考索，而犹或不能辨。此亦足证吾文字皆由逐渐变迁，而无一人焉，为之创造之说也。

隶书之始，《汉志》云："起于官狱多事，苟趋简易，施之于徒隶。"许《序》云："官狱职务繁，初有隶书，以趋约易。"卫恒云："秦既用篆，奏事繁多，篆字难成，即令隶人佐书，曰隶字。汉因用之。独符玺、幡信、题署用篆。隶书者，篆之捷也。"此但言隶书施用之由，而不凿指创造之人，其说最确。许《序》述亡新六书，"三曰篆书，即小篆，秦始

蔡　邕
选自清道光十年（1830）刊本《古圣贤像传略》

皇使下杜人程邈所作也"。段氏云："此十三字，当在下文左书即秦隶书之下。上文明言李斯、赵高、胡毋敬皆取史籀大篆省改，所谓小篆，则作小篆之人，既显白矣，何容赘此，自相矛盾耶？况蔡邕《圣皇篇》云：程邈删古立隶文，而蔡剡、卫恒、羊欣、江式、庾肩吾、王僧虔、郦道元、颜师古，亦皆同辞。惟传闻不一，或时许书已讹，是以卫巨山疑而未定耳。"《书势》论小篆曰："或曰：下杜人程邈为衙吏，得罪始皇，幽系云阳十年。从狱中作小篆，少者增益，多者损减，方者凑圆，圆者使方，奏之始皇。始皇善之，出以为御史，使定书。或曰：邈所定乃隶字也。"案段说似矣。然卫恒晋初人，于此既有疑辞，后来之人，岂得反有灼见？其辞之同，特辗转相袭耳，岂足为据？《后汉书·儒林传》注："篆书，谓小篆，秦始皇使程邈所作也，隶书亦程邈所献。"小徐《说文注》云："斯等虽改史篇，而程邈复同作也。"并依许《序》，为调停之辞。况许《序》曰："左书即秦隶书。"系以秦制释新制，隶为谁造，应于叙秦事时言之，不应于此补出。则此语在篆书下固非，在隶书下亦未为得也。

又有所谓八分书者，在今日观之，似隶之类。正书，亦称真书，又作楷书，则笔画形状，与隶不同。然分、隶之别，究竟如何？正书究始何时？则罕有能言之者，是亦宜加考索也。《书苑》引蔡文姬之言曰："臣父造八分时，割程隶八分取二分，割李篆二分取八分。"其说殊不可晓。张怀瓘《书断》云："八分者，秦羽人上谷王次仲所作也。王愔云：次仲始以古书方广，少波势，建初中，以隶草作楷法。字为八分，言有模楷。又萧子良云：灵帝时，王次仲饰隶书为八分。二家俱言后汉，而两帝不同。且灵帝之前，工八分者非一，而云方广，殊非隶书。既云古书，岂得称隶？若验方验广，则篆籀有之，变古为方，不知所谓也。案《序仙记》云：王次仲，上谷人。少有异志，早年入学，屡有灵奇。年未弱冠，变仓颉书为今隶书。始皇时，官务繁多，得次仲文，简略赴急疾之用，甚喜。遣使召之，三征不至。始皇大怒，制槛车送之。于道化为大鸟，出在槛外，翻然长引，至于西山，落二翮于山上。今为大翮、小翮山，山上立祠，水旱祈焉。"又《魏土地记》云：沮阳县城东北六十里，有大翮、小翮山。又杨固《北都赋》云：王次仲匿术于秦皇，落双翮而冲天。案数家之言，"明次仲是秦人。既变仓颉书，即非效程邈隶也。案蔡邕《劝学篇》：上谷王次仲，初变古形是也。始皇之世，出其数书。小篆古文，犹存其半。八分已减小篆之半，隶又减八分之半，然可云子似父，不可云父似子，故知隶不能生八分矣。八分本谓之楷书。楷者，法也，式也，后世以为楷式。或云：后汉亦有王次仲，为上谷太守，非上谷人。又楷隶初制，大范几同，故后人惑之，学者益务高深。渐若八字分散，又名之为八分。时人用写

钟繇
选自清道光十年（1830）刊本《古圣贤像传略》

篇章，或写法令，亦谓之章程书。故梁鹄云：钟繇善章程书也。案怀瓘此断，自相矛盾，既谓楷隶初制，大范几同，又力辨楷、隶非一，引《序仙记》等荒唐之说为证。又不知章程书与分隶之别，可谓无所折衷矣。至于正书，则《书断》未列其名。而其论隶书曰："八分则篆之捷，隶亦八分之捷。汉陈遵，字孟公，京兆杜陵人，哀帝之世，为河南太守。善隶书，与人尺牍，主皆藏弄之以为荣。此其创开隶书之始也。尔后钟元常、王逸少，各造其极焉。"其《六体书论》曰："隶书者，程邈造也，字皆真正，曰真书。"则明以真书与隶书为一。宋《宣和书谱》云："上谷王次仲，始以隶字作楷法。所谓楷法者，即今之正书是也。人既便之，世遂行焉。西汉之末，隶字石刻，间杂为正书。降及三国，钟繇乃有《贺克捷表》，备尽法度，为正书之祖"。则又谓分出于隶，正出于分，众说纷如，未免莫衷一是矣。

案论篆、隶、分、楷之变迁者，莫谛于顾氏蔼吉。蔼吉《隶八分考》曰："隶与八分，有波势无波势微异，非两体也。汉世统名曰隶。八分之名，亦后人名之耳。"吾衍《字源七辨》云："秦隶书不为体势，即秦权、汉量上刻字，人多不知，亦谓之篆。汉隶者，蔡邕《石经》及汉人诸碑上字，皆有挑法，与秦隶同名，其实则异，又谓之八分。""前汉尚用秦隶，今有五凤二年刻石，在曲阜孔庙中，与《隶续》所载建平郫县碑，字皆无波势。《何君阁道碑》立于后汉建武中元二年，《路君阙》立于永平八年，《隶释》谓其字法方劲，兼用篆体。自建初以后，有《王稚子阙》，立于元兴元年，发笔皆长，《隶释》谓是八分书。则王愔云王次仲于建初中作，其言为可信。"今案《四体书势》："上谷王次仲，始作楷法。至灵帝，好书，时多能者，而师宜官为最。大则一字径丈，小则方寸千言。甚矜其能。或时不持钱，诣酒家饮，因书其壁，顾观者以酬酒直，计钱足而灭之。每书，辄削而焚其札。梁鹄乃益为版而饮之酒，候其醉而窃其札。鹄卒以攻书至选部尚书。"又曰："鹄宜为大字，邯郸淳宜为小字，鹄谓淳得次仲法。然鹄之用笔，尽其势矣。鹄弟子毛宏，教于秘书，今八分皆宏之法也。"此明言王次仲作楷法；鹄之用笔，尽次仲之势；而八分之法，出于鹄弟子毛宏，则楷法即八分可知。庄氏绶甲《释书名》亦曰："王愔《文字志》古书三十六种，有隶书、楷书而无八分。《初学记》：萧子良《古今篆隶文体》，亦有楷书而无八分。《玉海》引《墨薮·五十六种书》，有程邈隶书、王次仲八分，而无楷书。明八分与楷，异名同实"也。顾氏又曰："自钟、王变体，谓正书为隶书，因别有八分之名。"然王僧虔《能书人名》云："王次仲作八分楷法》。"唐玄度《十体书》云："王次仲乃作八分楷法，亦未尝专以八分名也。"又江式《论书表》云："诏于太学立碑，刊载五经，题书楷法，多是邕书。"徐浩《论书》云："程邈变隶体，邯郸淳传楷法。"则尚有专名楷法者。惟蔡希综《法书论》，乃谓王次仲以隶书改为楷法，又以楷法变为八分，则竟以次仲所变为八分，而楷法、八分各为一体矣。今俗相承以正书为楷书，昔人谓之章程书。韦续《五十六体书》："八分书，魏钟繇谓之章程书。"张怀瓘《书断》云："八分时人用写篇章，或写法令，亦谓之章程书。"二说皆非也。案王僧虔《能书人名》云："钟有三体：一曰铭石之书，最妙者也。二曰章程书，传秘书教小学者也。三曰行押书，相闻者也。"所谓铭石之书，盖八分也。《世说新语注》云：钟会善效人书，于剑阁要邓艾章程白事，皆易其言；又毁文王报书手作以疑之。章程白事者，以章程书白事也。章程书者，正书也。今所传钟繇《贺捷》《力命》《季直》三表，皆是正书。岂邓艾白事而独用八分乎？"当时以八分用之铭石，其章奏、笺表、传写、记录日用之字，皆用正书，亦谓之章程书。如繇书《受禅碑》，即八分也；《宣示》《戎辂》《力命》诸帖，即章程书也。二王无铭石书，《黄庭》《乐毅》《画赞》《曹娥》《洛神》，章程书也。唐所谓隶书，即今之正书；所谓八分，即汉之隶书。魏晋以降，凡工正书者，史皆称其善隶。《王羲之传》云："善隶书，为古今之冠是也。"唐亦因之弗改耳。林罕《字源偏旁小说序》云："开元中以隶体不定，复隶书字统，名曰《开元文字》。大历中，张参作《五经文字》。开成中，唐玄度复作《九经字样》。况是隶书，莫知篆意。今《开元文字》,世有版本;张参、玄度之作,石刻犹存,悉是正书。唐谓正书为隶,此其证也。"又曰:"若蔡有邻、韩择木辈,唐所称工八分者,其石刻俱在。蔡有《尉迟回碑》,韩有《告华岳文》,与汉碑中字无异。"又曰:"张绅《法书通释》云:吾衍谓隶有秦隶、汉隶,的是至论。今当以晋人真书,谓之晋隶,则自然易晓矣。又陆深《书辑》云:程邈所上,务趋便捷,谓之隶书。王次仲分取篆隶之间,谓之八分。自邈以降,谓之秦隶。贾鲂《三仓》、蔡邕《石经》诸作,谓之汉隶,钟、王变体,谓之今隶。合秦、汉谓之古隶。斯言亦当。惟以八分为分取篆隶之间,有可议耳。"庄氏曰:"真书谓为晋隶则不可,真书虽亦称隶,而非始于晋也。"又曰:"《书断》:八分则小篆之捷,隶亦八分之捷。汉陈遵善隶书,与人尺牍,主皆臧之以为荣,此其开创隶书之始。嗣后钟元常、王逸少各造其极焉。程邈即隶书祖也。怀瓘谓隶为八分之捷,以当今之正书,而推合于陈遵、钟、王之迹。一则曰陈遵为开创隶书之始,一则曰程邈即隶书祖,明是两体,各得一祖。怀瓘谓陈遵为开创正书之始,必有所受之,不能假也。世徒知正书为钟、王变体,犹为数典而忘耳。"案此说亦是,特一种字体,皆由逐渐迁变而成,非一人所能为,向来谓某体始于某人者,皆强举善书有名者以当之,非必事实,陈遵亦此类耳。

顾氏之说如此。据其说,篆、隶、分、楷之迁变,殊为了然。盖隶之初兴,与篆实无大异,是为秦人之所谓隶书,汉初犹沿用之。及后汉,乃有挑法,是为汉人之变秦。以其有波磔与前此方广者不同,则谓之八分。八者,别也,背也,言相背别而分章也。以其有法式可模范也,亦谓之楷法。此体盖专用诸铭石等。至供章程白事之用者，则笔画仍平直而无波势，此之谓章程书，亦即所谓正书。正书画方，篆书画圆，然其无波磔则同，故诸家皆以正书承隶。盖正书非承汉隶而变，乃汉隶之用诸铭石等事者变秦，而用诸章程白事等者，仍未变耳。章程书之笔法，虽亦与秦隶不同，然系逐渐变迁而成，非有意为之。故以其用言之，则曰章程书；以字体言之，则仍谓之隶也。章程书既袭隶名，欲使用诸铭石等有波势之字与之立别，则谓之八分。此名相沿未改。故唐人犹称今正书为隶书，而称汉隶为八分也。于此可见王愔谓古书方广少波势，萧子良谓王次仲饰隶为八分，说实极确。盖秦隶、汉隶，所异在有无波势，由无波势变为有波势，正是加之以饰耳。予又因此悟许《序》"秦始皇帝使下杜人程邈所作也"十三字，未必非许书原文，何则？篆之初兴，与隶既无大别；则程邈所作之字，与李斯、赵高、胡毋敬所作之字，原未必有异同。蔡邕谓王次仲初变古文，则竟不谓篆、隶有别，此许时人所以犹谓秦之隶书为仓颉时书也。李斯等之作《仓颉》等篇，乃取《籀篇》省改其字体；程邈所作，则变篆书之笔法而趋于简易。秦代之字，字体从斯等所定，笔势则效程邈所为；谓为斯等所作可，谓为程邈所作，亦无不可也。大篆之名，班固时尚未有。以秦人所用之字，字体、笔势，皆与前此微异，则谓之秦篆。后人乃即周时所传之《史籀篇》，与秦人所作字书分立大小篆之名。夫如是，则小篆二字，不啻秦文之代名。夫即字体而言之，则秦字定于赵高等；即笔势而言之，则秦字出于程邈，故有以秦字为赵高等作，亦有以秦字为程邈作者。既以秦字为程邈作，则"小篆即秦篆书"之下，固可赘以"秦始皇帝使下杜人程邈所作也"十三字也。此殆亦旧说而许录之。其不移此语于叙秦事时,而仍赘于此者,直录旧说,不加改定,古人之文,固多如此也。参看拙撰《章句论》。卫恒晋初人,去许犹近,盖尚知此义,故其作《书势》,犹为两可之辞。至江式则去许已远,于此已不能明,故其表辞虽袭许《序》,而径移此语于前矣。江《表》云:"于是秦烧经书,涤除旧典,官狱繁多,以趋约易,始用隶书,古文由此息矣。隶书者,始皇使下杜人程邈所作也,以邈徒隶,即谓之隶书。"其叙亡新六书,"三曰篆书",云"小篆也",无"秦始皇帝使下杜人程邈所作"十二字。即知许述秦时事及述新室事,为并录两说,则知隶书之始,故有两说:一但谓施之徒隶,取其约易,而不凿指创造之人;一则指谓出于程邈。夫不论何种文字,皆不能凿言创造之人,则自以前说为得也。

  隶书本有起自先秦之说。《书断》:"郦道元《水经注》曰:临淄人发古冢,得铜棺,前和外隐起为字,言齐太公六世孙胡公棺也。唯三字是古,余同今隶书。证知隶字出古,非始于秦。""然程邈所造,书籍共传,道元之说,未可凭也。"杜光庭又辨之曰:"世人多以隶书始于秦时程邈者非也。隶书之兴,兴于周代,何以知之?案《左传》:史赵算绛县人年曰亥有二首六身,是其物也。士文伯曰然则二万六千六百有六旬。盖以亥字之形,似布算之状。案古文亥作㐬,全无其状。虽春秋时文字体别,而言亥字有二首六身,则是今之亥字。下其首之二画,竖置身旁,亥作㐆,此则二万六千六百之数也。据此,则春秋之时,有隶书矣。又郦善长《水经注》云:临淄人有发古冢者，得铜棺，棺外隐起为文，言齐太公六代孙胡公之棺也。惟三字古文，余同今书。此胡公又在春秋之前，即隶书兴于周代明矣。当时未全行，犹与古文相参，自秦程邈已来，乃废古文，全行隶体，故程邈等擅其名，非创造也。"案书传所谓得古物者，其词或误；即不然，年代文字，亦往往考核不审。郦氏之说，未可尽凭。籀篆以前，文字多矣，必谓惟今隶书之亥字，乃足当二首六身，亦近专辄。然知秦隶初起，与篆相淆，即知凿言隶起秦时，亦未为得。何者？变篆为隶，不过如今钞胥作字，但求捷速，随意作画，而不复审其俯仰之姿耳。谓秦时而其用始广则可，谓至秦时乃能为之，固不然也。

篆隶之异，大体固在笔画形状；然其字之构造，亦有不同之处。或由篆取圆笔，隶取方笔，笔势不同，不得不改，亦有各有所承，隶书并非改篆者。王氏筠曰："今人以攴为正、以攵为俗，误也。《说文》所收之小篆皆从攴，古文、籀文皆从⫶，攵即⫶之变。八变为人者，如旌旗从㫃，乾从𠦝，楷皆变八为人也。又变乂者，如文篆作𠧪，今又变为乂，而连书于十之下也，岂可斥为俗乎？且楷从攴者，有鼓、敲、毆三字，不必尊古籀文而改为鼔、皷、毆也；他字皆从攵，即亦不必尊篆文而辟古籀文也。或有力辨變当作䜌者；则夏今作更，何不闻其力辨之也？"见《说文释例》卷九。盖篆隶初本同物，篆书之书写苟简者，即为隶书；并非既有篆书，经历若干年代，乃又造隶。故有篆书遵古，而隶与古违者；亦有篆已变古，而隶书犹存古意者。正犹今日正书，字体之间小有出入，下笔者则确守旧体，或则务效时趋耳。世之误谓篆书皆古，而隶必皆失古意者，实由未知文字变迁之真相使然。然则欲考文字之朔，篆与隶之可据，固亦相等矣。

隶之初兴，取趋约易，施之徒隶。盖凡士夫作书，不求约易者，即不其然。然庶业其繁，约易之趋，势不获已，故隶书浸盛，篆乃卒微。贾耽《说文字源序》云：自三国后，隶书盛行，古文篆籀浸微矣，历晋、魏、周、隋、宋、齐、梁、陈，通篆籀者日寡。惟碑颂之额，时睹数字，仍十中八九，检文题之。此则又非汉时施之符玺、幡信、题署之比矣。卫恒说见前。《书断》曰："汉和帝时，贾鲂选《滂喜篇》，以《仓颉》为上篇，《训纂》为中篇，《滂喜》为下篇，所谓《三仓》也。皆用隶字写之，隶法由兹而广。"《三仓》为识字之书，而亦写以隶，隶之通行可知。盖篆隶之殊，一在字体，一在笔势；字体则由繁趋简，笔画则变圆为方，二者皆所以求约易。夫藁草之书，非不约易也，然又失之草率，不如隶书之便于观览。此隶书所以行之数千年，今人虽或病其书写之难，而卒不能废也。成公绥《隶书体》曰："虫篆既繁，草藁近伪，适之中庸，莫尚于隶。"知一事之行，皆有其所由，而非偶然矣。

第五章
行书草书

隶书又变,厥惟行草。草者,隶之捷;行则介乎真草之间者也。草书之兴,大约在秦汉之际,亦不能凿指创造之人。故许《序》但言:"汉兴有草书。"江式《表》云:"又有草书,莫知谁始。"《书势》云:"汉兴而有草书,不知作者姓名。"庾肩吾《书品》云:"草势起于汉时,解散隶法,用以赴急"是也。其以为起自秦时者。赵壹《非草书》云:"夫草之兴也,其于近古乎?盖秦之末,刑峻纲密,官书繁冗,战攻并作,军书交驰,羽檄纷飞,故为隶草,趋急速耳。"又《书断》:"梁武帝《草书状》曰:蔡邕云昔秦之时,诸侯争长,羽檄相传,望烽走驿,以篆隶之难,不能救急,遂作赴急之书,盖今之草书"是也。怀瓘驳之曰:"创制之始,其闲者鲜。且此书之约略,既是仓皇之际,何粗鲁而能识。蔡公不应至是,诚恐厚诬。"案凡事皆以渐兴。自秦与诸侯争长之时,以至汉兴之世,其间年岁,并不甚远。必谓汉之所有,秦则无之,既无佐证,何能断定?若谓仓皇之际,约略之书,非粗鲁所能识,则草之初兴,去隶必不甚远,非如后来截然两体,各不相入；怀瓘此论，未免执后事以疑古人也。然《书断》又谓草书缘起，由于草藁，则其说甚通。《书断》云："王愔云：藁书者，似草非草，草行之际者非也。案藁亦草也。因草呼藁，正如真正书写，而又涂改，亦谓之草。楚怀王使屈原造宪令，草藁未上，上官氏见而欲夺之；又董仲舒欲言灾异，草藁未上，主父偃窃而奏之，并是也。如淳曰：所作起草为藁。姚察曰：草犹粗也，粗书为本曰藁。盖草书之先，因于起草。"今案《书品》亦云："因草创之义，故曰草书。"则怀瓘之说信矣。庄绥甲曰："《仪礼·既夕》注，《初学记》引萧子良《古今文体》，有藁书无草书。《墨薮·五十六种书》同。《御览》引庾元威《论书百体》，有章草草书，此草书指张芝所作，后世亦谓之狂草。无藁书。"明草、藁是一也。夫藁草之名，因于起草，则孰能指为始于何时，创于何人乎？然诸家皆谓起于秦汉之际，盖亦有由。草之初兴，不过解散隶法，用以赴急，其去真固当不远。厥后沿用日久，巧法渐生，众既共喻，简略益甚，乃与真隶迥殊，而草书之名以立。然则古人之草藁，当略如后世之真行，至汉时之章草，乃能自成一体也。

章草者，对张芝所变之草法而言之也。《书势》云："汉兴而有草书，不知作者姓名。至章帝时，齐相杜度，号称善作。后有崔瑗、崔实，亦皆称工。弘农张伯英，因而转精。"《书品》亦云："建初中，京兆杜操，始以善草知名。"《书断》："章草者，汉黄门令史游所作也。卫恒、李诞并云：汉初而有草法，不知其谁。萧子良云：章草者，汉齐相杜操始变藁法，非也。王愔云：汉元帝时，史游作《急就章》，解散隶体粗书之。汉俗简惰，渐以行之是也。"又云："自杜度妙于章草，崔瑗、崔实，父子继能；伯英得崔、杜之法，温故知新，因而变之，以成今草。字之体势，一笔而成，偶有不连，而血脉不断。及其连者，气脉通其隔行。惟王子敬深明其旨。故行首之字，往往继前行之末。世称一笔书起自张伯英，即此也。"又云："章草之书，字字区别。张芝变为今草，上下牵连，或借上字之下，而为下字之上。呼史游草为章草，因伯英草而谓也。"杜操即杜度，大徐《说文注》作杜探，他书亦有作杜伯度者。庄绶甲云："作操是。探文相似而误，伯度盖其字？"云"杜操始变藁法"，云"伯英变之以成今草"，变迁之迹，历历可见。惟史游者乃撰《急就篇》之人，后人以章草书之，怀瓘因以章草为史游所作，则误耳。庄氏云：史游《急就》，后人多以草书写之，皇象、钟繇、卫夫人，皆有遗迹，见颜师古《序》。王愔所谓解散隶体粗书之者，盖涉后人之迹而误也。怀瓘又云："杜度善草，见称于章帝，上贵其迹，诏使草书上奏；魏文帝亦令刘广通草书上事。盖因章奏，后世谓之章草。"参以赵壹《非草书》一篇，亦可见一时之风尚矣。

皇象急就章

草至章草，乃与隶书截然两体。故韦续谓"字有五易：仓颉变古文，史籀制大篆，李斯制小篆，程邈制隶书，汉代作章草"是也。至狂草兴，则全失隶意，不习者且不能识，草书遂自成一艺，不复足供草藁之用。张怀瓘《六体书论》论张芝云："草法贵在简易，而此公伤于太简是也。"而行书乃起而代之焉。行书之兴，盖同古之藁草。其法则有取诸真书者，亦有取之草书者；张怀瓘《书议》谓："行书非草非真，在乎季、孟之间，兼真者谓之真行，带草者谓之行草"是也。《书势》曰："魏初有钟、胡二家，为行书法，俱学之于刘德升，而钟氏小异，然亦各有其巧。"《书断》曰："行书者，后汉颍川刘德升所造也。其《六体书论》亦曰：行书者，刘德升造也。即正书之小讹。务从简易，相间流行，故谓之行书。王愔云："晋世以来，工书者多以行书著名。昔钟元常善行狎书"是也。王僧虔《古来能书人名》曰："钟繇书有三体：三曰行狎书，相闻者也。河东卫觊子瓘，采张芝法以觊法参之，更为草藁。草藁是相闻书也。"曰"正书之小讹"，即真行，曰"采张芝法"即行草也。《宣和书谱》曰："自隶法扫地，真几于拘，草几于放，介乎两者之间者，行书有焉。"此体实最适用，故通行亦最广也。今人有谓学童习字，当重行书者。案《玉海》："晋荀勖领秘书监，立书博士，置弟子教习。以钟繇、胡昭为法。"则崇尚之者，正不自今始矣。

下篇　字例略说

第一章
六书非古说

　　学问之事恶乎始？曰：始于求条例。凡天下事，必有其所以然之故；治学问者之所求，则此所以然之故而已。顾所以然之故，非可徒得也。必先知其然，然后能知其所以然。而欲知其然，又必即其事分析之至于极微，然后其所谓然者尽；所谓然者尽，而所以然之故，乃可进求矣；天下事无论分析之至如何详尽，终必有其公共之理存；若是者，昔人称之曰"道"。而无论何事，亦莫不可分析之至于极微；若是者，就其事之可分析言之曰理；就其分析所得者言之，则曰条、曰例。《说文》："条，小枝也。"盖引伸为枝分之义。又曰："例，比也。"段氏曰："汉人少言例者；杜氏说《左传》，乃云发凡言例，盖古比、例字只作列。"予案今人所谓原理者，昔人称之曰道；所谓条件者，昔人则曰条、曰例。例盖列字之分别文，《说文》："列，分解也。"由分解之义引伸为条例，更引伸为比例也。此凡学问之事皆然。文字之学，亦何独不然。吾国有文字之学，盖始于汉。详见上篇《中国文字变迁考》。集汉人文字之学，著为一书者，则始于许慎之《说文解字》。许君谓俗儒鄙夫，不见通学，未尝睹字例之条。盖其学之异于流俗者，亦在其条例而已。

然则许君所谓字例之条者，果安在哉？则通观全书，惟六书之说，足以当之。六书之说，许《序》以为出于周之保氏，后人因谓许氏字例之条，必传之自古，其实非也。六书之说，惟见于班《志》、许《序》及《周官·保氏注》引郑司农之说。学说不能突然而生，而既经发明，亦必有人祖述。吾国字书，自《籀篇》至《彦均》，皆为四言或三、七言韵语。见《中国文字变迁考》。以字形分别部居，实始于许。自周初至汉末，历时已逾千年。《周官》固战国时书，其距汉末，亦数百载。果使其时已有六书之说，安得自许以前，迄无用其法著字书者？而班、郑、许三人而外，且迄无提及者乎？《古微书·孝经纬·援神契》有一条云："仓颉文字者，总而为言，包意以名事也；分而为义，则文者祖父，字者子孙。得之自然，备其文理，象形之属，则谓之文。因而滋蔓，子母相生，形声、会意之属，则谓之字。字者，言孳乳浸多也。题之竹帛谓之书，书者，如也、舒也、著也、记也。"予昔读此条，以为此乃六书之说出于班、郑、许之前者。其说惟有三书，可见转注、假借不能与象形、会意、形声并列，即指事亦可并省也。继读张怀瓘《书断》，乃知孙书此条，实据《书断》误辑。《书断》原文云："案古文者，黄帝史仓颉所造也。颉首有四目，通于神明。仰观奎星圜曲之势，俯察龟文、鸟迹之象，博采众美，合而为字，是曰古文。"《孝经纬·援神契》云："奎主文章，仓颉仿象。"是也。"夫文字者，总而为言"云云，其中惟"奎主文章，仓颉仿象"八字为《援神契》之文，余皆张氏之语。孙氏顾舍此八字而辑其余，可谓慎矣。且六书之说，岂可以教学童哉？教学童以文字者，则使之识其形，审其音，明其义，且能书写之而已。此项教法，实以集有用之字，撰成韵语，使之熟诵为最易。晚近闾里书师，其教学童，犹用《三字经》《千字文》等，其法盖传之自古。社会现行之事，往往为前代之遗，故多足考古制者。旧时之童子师，教学童识字有二法：（一）字字分别使识之，俗所谓方字是。（二）则授以韵语，如《三字经》《千字文》等是。后法盖传之自古，实较前法为便。然其书久不编纂，不适于用，不得不别易有用之字。别易有用之字，而未尝编成韵语，即成方字矣。若以六书之说教学童，是犹今之教学童者，用字典分部之说也，有是理乎？又六书之说，许似不甚明了。许说某字当属六书之某种，而其实不然；及依许说，则在六书中无类可归者甚多。如蠹之或体螙，《说》云："象虫在木中形。"此字依许例，只能说为指事，不能说为象形，许说实误也。又如倒文、反文等，在六书中实无可归附，皆见后。即如指事，许惟于上、下二字下言之，仍不出《叙》所言之外。此尚系大徐本如此；小徐本则"下"下云"从反上为下"，并不言指事。转注、假借，则全书不及。夫许氏所斤斤焉自谓异于俗儒鄙夫者，字例之条而已；其所谓字例之条者，则六书而已。乃许于六书之说，茫昧如此，何哉？曰：许书本博采而成，其《叙》亦然。见《中国文字变迁考》。六书之说，亦成说而许氏采之。其说本不过举示梗概，未尝即当时之字，一一定其当属何书，故许亦无从质言也。学问历时愈久，则研究愈深；研究愈深，则立说愈密。果使作《周官》之时，已有六书之说，至许君时，研究者必已甚多，某字当属某书，当早有定论，安得茫昧如此乎？故六书决非古说也。

然则六书之说，出于何时乎？曰：当出于西汉之世。吾国有文字之学，实始西汉，予撰《中国文字变迁考》，业已言之，今观于六书之说而益信也。中国字说，足当字例之目者，厥惟六书；汉以前之字说，实萃于《说文解字》，前文业已述及。今观许书说、解，显分二派：其一，如"王"下引"董仲舒曰：古之造文者，三画而连其中，谓之王。三者，天、地、人也，而参通之者王也。孔子曰：一贯三为王"。"公"下引韩非曰："背私为公。"凡其说在西汉初年以前古文学未兴之世者，大抵借字形以说义理，而非说字之条例。故诸生"以其所知为秘妙，究洞圣人之微恉"也。又其一，如扬雄等，其说有合于六书之条例者，则大抵在古文学既兴之后。纬起哀、平，然其说字，尚多不与六书合。观俞正燮《纬字论》可见。此等旧说，虽不如许说之善，然渐知即字形以求造字之故，与纯然借字形以说义理者不同，实为新说之本。故许氏虽诋当时诸生、廷尉等为俗儒鄙夫，而于此派字说，亦卒不能尽废。如《纬字论》所引"一大为天""十加一为士""禾入水为秝"，皆与《说文》同是也。又此等旧说，不如许说之善，系就大体言之。若逐字论之，则亦未必新说皆长，而旧说皆短。试就许氏所斥"马头人为长""人持十为斗""虫者屈中""苛之字止句"论之，即可见矣。夫曰"马头人为长"者，人之长者，其项必长。马之项固长于人，其善者，又恒昂首腾骧。习见之畜，如牛、羊等，其项皆不如马长，故以马之长方人。夫马之长，其可见者在鬣，故言马之长者必举其鬣，而鬣遂为状长之词。许书髟部："鬣，发鬣鬣也。"囟部："巤，毛巤也，象发在囟上，及毛发巤巤之形。"此两字皆指毛发。人部："儠，长壮儠儠也，《春秋传》曰：长儠者相之。"则以鬣状长矣。长、鬣二字，见《左》昭七年、十七年，及《国语·楚语》，杜预、韦昭皆释为美须髯，殆非也。许说 累（马）字曰："象马头、髦、尾、四足之形。"盖似 目 象头，长其画作 王 者，与从目又从彡同，彡以象髦。彡部曰"彡，长发猋猋"是也。 𠂉 以象尾及四足。髦即鬣也。然则谓马头人为长，其说极确。许说 長（长）字曰："从兀、从匕，兀者，高远意也，久则变化，亾声， 𠃟 者，倒亾也。"迂曲甚矣。其所载古文 耂 𠑣，下体固皆从人也。云"人持十为斗"者，十非"数之具"之十，盖象斗形，犹许书下云"从又持十"也。虫、中二字，古音相同，故《诗·桑柔》"征以中垢"，《韩诗》作"往以虫垢"。屈中字之画以为虫，许书说字，亦有此例，见后。苛人受钱之苛，廷尉说其字为止句，则当作苟。此音含义甚多：有今所谓大声呵斥之义，有责问几察之义，有拘执之义，有指㧖之义，甚至有分裂之义。其所作之字亦不一。今所谓大声呵斥之义，依许书当作诃。言部："诃，大言而怒也"是也。责问几察之义，正字作呵，盖与诃为音义皆同字，亦借何、苛、荷三字为之。《周官·天官·宫正》注："几荷其衣服持操及疏数者。"《释文》："荷，呼可反，又音何。"《阍人注》："苛其出入。"《释文》："苛本又作呵，呼何反，又音何。"《地官·比长》注："呵问系之。"《释文》："呵，呼何反，又音何。"阮氏《校勘记》云：此呵字"叶钞本《释文》作荷，嘉靖本呵字剜改，盖本作荷"。皆呵、何、苛、荷通用之证。《说文》虽有诃字，而其用诸说解者，仍错杂不一。言部"谁"下云："何也。"此即《贾子书》"陈利兵而谁何"，及"大谴大何"之何，是许亦借何字也。言部："诋，苛也，一曰诃也。"小徐本作"荷也"。"一曰诃也"四字，必后人校语。原本作苛、作荷未可定，恐当以小徐为是，因大徐本失真处更多也。《叙》讥廷尉以苛之字为止句,则许意苛人受钱之苛当作苛,是许亦借苛、荷二字也。其训拘执之义,《说文》作拘,亦作㧢。句部:"拘,止也。"手部:"㧢,执也,《周书》曰:尽执㧢。"今书作拘,是也。《汉律》借苛,廷尉以为当作茍,而《广韵》又有𦭣字。训指挒及分裂之义,《说文》作扒。手部:"扒,裂也,一曰手指扒也。"虽不及拘执之义,然㧢下引《周书》而训以挒,则许意挒亦可训㧢。合裂也、手指挒也,凡有三义。裂也之义,即《曲礼》"为国君者华之"之华。《注》谓"中裂之",今人书其字作画,而状其既中裂后之形则作豁。《阍人释文》:苛,"何徐黑嗟反",正与今人读华、画、豁之音相同。可见㧢、扒二字,亦系同音,故许以之互训也。夫此一音,所含之义,如此其多;所作之字,如此其众,安能别其孰为是、孰为非?苛人受钱之苛,何以可作苛,不可作茍乎?且寻常之字,义解恒甚纷歧,而解释律文之时,则宜使之确定。苛为假借字,含义甚广;茍则王氏筠所谓后起分别之字,只分其一义者。说律之时,宜读苛为茍,章章也。果如许说,可作苛不可作茍,则许说苛为小草,引伸为凡小之称,断狱之时,亦得以苛细之义相周内乎?若谓许意亦如今人,以旧有之字为正,后起之字为俗,苛为旧有之字,故以为正字,茍为后起之字,故讥为俗字,则许又何以收拘、㧢、挒三字乎?亦可谓知二五而不知十矣。要而言之,以许书全体与旧说相校,自觉后起者胜。若一一衡之,则许说有仍与旧说同者,有反不如旧说之善者。盖字说本逐渐进步,许讥诸生、廷尉等为俗儒鄙夫,诋其说"不合孔氏古文,谬于《史籀》",以为与己之所学截然异物,而不知许所博采之通人,其说正自此等说转变而来,故形迹尚未尽泯,而得失亦且互见也。此实许书字说,为西汉后逐渐发生,而非遥接保氏、史籀之传之铁证矣。此即许氏所谓通学，所谓字例之条者，当先汉之末，尚未大盛之证，安得周时已有其说乎？然则《周官》六书，殆亦萧何六体之类。两汉之间，指事、象形等六书之说既出，郑司农乃以之释《周官》，实属谬误。而许君沿之，亦或当时古文家之说，而郑、许用之，未必定郑、许之误也。而班《志》则又后人据郑、许一类之说窜入者也。班《志》此处为伪窜，见《中国文字变迁考》。

许书所以为后人所信者，以其所说多字之本义，而经典所用多引伸义；凡本义必实指一事一物，引伸之义则不然，因信许说传之自古耳。人之语言，诚应先实事实物，而后及于玄虚之义。然至文字孳乳浸多之时，是否尚系如此，则亦可疑。然则许说字义与经典异者，究系经典所用为后起之义，而许说为其固有之义？抑语义本不指实，造字者因无可着手，乃托之于实事实物？犹未可知。如"颇，头偏也"，似为本义，而训颇为凡偏之词者，为引伸之义矣。然从皮声之字，如跛，亦得偏义，又何以说之？即谓果有本义，经典皆已不用，许君何由知之？许书所说本义，有经典全不见者，观原字段《注》可见。王氏筠曰："上古有是语而中古无之者，即其字虽存，而古义遂湮，只传其通假之义。故许君说字，有支诎者。"见《说文释例》卷一。则许说之多本义，殆亦皮傅字形耳。许君皮傅字形为说，段氏已言之，如苗字是也。愚案古人本有随文训释之例，依附字形为说，亦其类耳。如饕、餮二字，《说文》皆但曰"贪也"，引"《春秋传》曰谓之饕餮"，而贾、服及杜，则皆曰"贪财为饕，贪食为餮"。此非别有所受，乃承上文"贪于饮食，冒于货贿"言之。如其不然，则亦浑训之曰贪矣。然则许书疢为"热病"，颇为"头偏"，亦以其字从火、从页而言。假令易其偏旁，说解亦当随之而异矣。许书有时据字形为说，而有时又不然，如训牡但曰"畜父"，不曰牛父，牝但曰"畜母"，不曰牛母者，其书系博采而成，大体一仍其旧，不加改易故也。后人作《说文释例》者，如王氏筠，其用力可谓勤矣；而乌知许氏之书，体例初不画一乎？王氏曰：许君立说，必与字形相比附："故有恒见之字，而《说解》反为罕见者，为恒见之解与字形不合也。利自此生，蔽即自此生：反古复始，其利也；古义失传之字，形体传讹之字，必欲求其确切，遂致周章，其蔽也。"盖小学家之说字如此。此乃据形立说之例，至许氏而后行。非真有本义，传之自古也。许君诋俗儒鄙夫，"不合孔氏古文，谬于《史籀》"。然许书十九皆小篆，其所以能据形系联，分别部居，不相杂厕者，正以所载皆小篆，故能整齐如此耳。必欲求三古之遗文，则如异于古文之奇字，已非六书之例所能说矣。故六书决非古说也。

　　凡事前修难密，后起转精。六书之说，出于汉世，距今已二千余年，其说自不能甚密。求其详尽，十书、八书不啻；若但揭举大纲，则转注、假借二者，固不容与象形、指事、会意、形声并列也。见后。果使后世治文字之学者，师古人立字例之条之意，而勿泥其所列之条；以六书之说为基，更求详密，则迄于今日，字学必已大明。惜乎二千年来，昧者则认六书为皇颉造字之条例，谓其先定此例，而后依之造字；即知其不然者，亦以六书为古说，不敢破坏，有弥缝匡救，而无改弦更张，如王筠即其人也。筠撰《说文释例》，其言曰："六书之名，后贤所定，非皇颉先定此例而后造字也。犹之《左氏》释《春秋》例，皆以意逆志，比类而得其情，非孔子作《春秋》，先有此例。"其说可谓通达矣。然其书则仍以弥缝匡救为主，非至万无可通，不敢非议许说也。遂致为成说所拘，用力虽深，而立说终未尽善，此则尊古太过之弊也。予谓今日治文字之学者，实当自立条例，不必更拘成说。然兹事体大，非予浅学所能。且六书之说，传之二千余年，一旦破之，未免骇俗。故兹编所论，仍以六书为纲领，但于其说不可通之处，加以论列焉，期为治斯学者辟一途径而已。

第二章
六书之名及次第

六书之名及次第，班、郑、许互有不同。许《序》云：一曰指事，二曰象形，三曰形声，四曰会意，五曰转注，六曰假借。班《志》云：象形、象事、象意、象声、转注、假借。郑司农则云：象形、会意、转注、处事、假借、谐声。案象形、转注、假借之名，三家俱同。指事、处事、形声、谐声，立名虽异，于义俱安。惟班于事、意、声亦皆云象，则理不可通。至其次序，则当从班：以象形居首，指事、会意、形声次之，转注、假借又次之。以六书之中，足当文之目者惟象形，而转注、假借，虽亦具造字之用，究与其余四书，又有不同也。

第三章

象　形

许《序》云："仓颉之初作书，盖依类象形，故谓之文。"又曰："文者，物象之本。"此语段依《左》宣十五年《正义》补，案《书序疏》引《说文》亦有此语，段氏补之是也。然则象形，实居文字之初。其创制也，直取象于物，自无从更加以他字，故郑樵谓"独体为文，合体为字"也。然象形文字之初出者，固无从更加以他字，而其出较晚者，则或亦加他字以见意。如木部："果（果）：木实也。从木，象果形，在木之上。""朵（朵）：树木垂朵朵也。从木，象形。"又如巢（巢）下云："鸟在木上曰巢，在穴曰窠。从木，象形。"此等字不从木即无以见意，谓其初但作田、作乙、作凶，而木字为后人所加，固不可；谓其造字之时，即各兼象木形，而非取固有之木字而用之，于义亦未安也。故昔人谓象形字亦有独体、合体之分，其说极确。然此等字为数究少。从其多者论之，则皆原为独体之文，而后人乃加以义旁、声旁，而成为合体之字者也。象形字之加义旁者，如册（册），"象其札一长一短，中有二编之形"，本独体字也；古文篇加之以竹，则成合体字矣。其加声旁者，如齒（齿），"象口齿之形，止声"是也。又如网（网）下云，"从冂，下象网交文"。案此字不从冂，则无以见其为网，故仍当说为独体象形字。然其或体网则加亡声，又一或体网，则又加糸为义旁矣。此皆见于许书者。其不见许书者，如豐（豐）下云："豆之丰满者，从豆，象形。"而《大射仪注》云："豐，其为字从豆，曲声。"则似别有曲字。不知许书未载欤，抑漏脱而后人改豊下说解也？又案生部："丰，草盛丰丰也。"与豐音义皆同，则曲已为合体字，其造法与幽字略同。而豐之古文作豐，则丰与丰亦无别矣。此等字有遂分而为两者，如竹部，笐本一字，因互行交互之义，而笐遂加竹。箕及甘其亦一字，因假义行，而其本字乃或加丌或加竹也。今《说文》中所存之字，固已不古。其十之八九，皆后人加以偏旁，或则笔画转变，失其原形。故居今日而欲求初文之形，厥有两义：（一）当博搜古字，而不可为《说文》一书所限。籀、篆以前之文字无论矣。即隶书，其原起亦与篆书同时，并非承小篆而变，详见上编《中国文字变迁考》。隶书之原起，既与篆同古，则就之以求古字，其可用，自亦与篆书相等也。（二）则凡字皆当分析之，以求其初形，不可认现在之形，即为初造之文。斯事繁赜，引其端尚易，竟其业实难。予于小学，愧非专门，未能从事于此。惟少时尝就许书，求其字之足当文之目者，无论其尚为独体，抑已为合体；尚为原形，抑已经转变，悉行写出，而为之钩求其所以然之故焉，名之曰《说文解字文考》。今亦别写为书，所造虽浅，亦足供治斯学者之参证也。

文字之初，原于图画；然有异于图画者二端：（一）图画贵于肖物，文字取足示意而止，故其笔画必简。（二）图画只能象有形之物，无形之物，只能于形中曲传其意，而文字不然。故凡字之直象物形，或其笔画极简者，皆初文也。

字之直象物形者有二：（一）象有形之物者，如：牛、羊、犬等字是。许书载孔子之言曰："牛羊之字，以形举也。"又曰："视犬之字，如画狗也。"虽未必果为孔子之言，要为许以前字说。许书引孔子之说凡八：王、士、儿、黍、羊、犬、貉、鸟是也。说字托诸孔子，盖一时风气如此。今篆书之牛、羊、犬字，横看之即成牛、羊、犬之形。虽其笔画甚简，原与图画殊科；然二者本非同物，或后来转变求简，或初造之时，原只如此，要为直象物形。说字者之说，原不误也。（二）象无形之物者，如：牟（牟）、芈（芈）、曰（曰）、智（智）、乃（乃）、只（只）等是。

文字以简画示意者，亦有数种：其最简者，如：丶一丨是。《说文》中丶一丨所象之物甚多，非专训数及"上下通"及"有所绝止而识之"也，详见《说文解字文考》。其稍繁者，则屈曲其画，如：一下垂而为冂，丨上曲而为丿（丿）、乚（乚），左右戾之而为丿（丿）、乀（乀）是。更繁复即用多画，如：积一而为二、三、三，交丨而为乂，交丨一而为十，及勹（勹）、丩（丩）等字是也。

画简而所象多，非徒丶、一、丨等一画者为然也，即稍多其画亦然，如屮、彡等是，亦见《说文解字文考》。许书明言相似者，即此类也。许书明言相似者十二：鸟（鸟）下云："鸟之足似匕，从匕"；角（角）下云："角与刀、鱼相似"；虎（虎）下云："虎足象人足"；麤（麤）下云："麤足与鹿足同"；易（易）

下云：“与禽离头同”；🦌（鹿）下云：“鸟鹿足相似”；🐢（鼋）下云：“头与兔同，足与鹿同”；🐰（兔）下云：“兔头与龟头同”；🐻（能）下云：“足似鹿”；🐟（鱼）下云：“鱼尾与燕尾相似”；🐢（龟）下云：“龟头与它头同”；🦅（禽）下云："禽、离、兕头相似"是也。此等为许君原文与否姑勿论，即谓后人添注，亦必古有是说。匕刀儿等之多所象，犹之丶一丨屮乡等之多所象也。

欲示其物，则直象其形，此实最粗浅之法。但较结绳已有进。后人或以造独体之文为神圣之业；而造合体字之法转居其下，非也。古人于象形之外，不知更有他造字之法，故其所造之字，必不能多。使其逼肖物形，则虽穷于无形之字，尚不穷于有形之字也。然文字究非图画，势不能如图画之繁。欲博象世间之物，而其笔画又须极简，则真穷于术矣。造字不多，则不能足用，此古代形借之字之所以较后世为多也。见《论假借》。然此因古人所用之字，究属不多，故可勉强摄代；若在后世，则不惟混淆，亦必不能足用矣。此象形字之所以穷，亦独体字之所以穷也。

象形之法，稍进之，则为增减或屈曲其画以见意。此其异于纯象形者，以其为既有字之后，乃就而用之，非复取象于物也。减笔或屈曲其画之字无论矣。即增画之字，亦不容说为合体象形者：合体象形之字，所增加之一体，必系取象于物，此则仅增一画以示意；合体象形，合两体以上以成一字，所用者已系合体之法，此则就固有之字，稍加改变，所用者仍系独体之法也。增画之字，如又部之彐（叉）是。减画之字，如𠙴之于𠙵，朩之于木，孒（了）、孓（子）、孑（子）之于子是。此等减画之字甚多，如：几（几），"鸟之短羽飞几几也，象形"。乑（参），"新生羽而飞，从几，从彡",亦可说ㄥ为彡减彡。丫(丫)"羊角也,象形",羊(羊)下云:"从丫,象头、角、足、尾之形。"案羊字上出两斜画象角,上横画象头,次两横画象四足,直画象尾,亦可说丫为减羊两横画。凡从丫之字,直画皆甚短,盖本无此画,写者依部首增之。则亦可说丫为卄,减羊字之干,专象其头角也。屈曲其画之字,如屯之于中,朱(禾)之于木,大(矢)、日(天)、交(交)、尣(尢)之于大是,此指就固有之字,屈曲其画以见意者。如其造字之初,本取曲画者,不在此例。如畴(畴)下云"𤰔,象耕田沟诘屈之形",九(九)下云"象其屈曲究尽之形"是也。《宋史·儒林传》:崔偓佺"引对便坐。太宗顾谓曰:李觉尝奏朕云:四皓中一先生,或言姓用字加撇,或云加点,尔知否?偓佺曰:昔秦时程邈撰隶书,训如仆隶之易使。今字与古或异。臣闻刀用为角,两点为角,用上一撇一点,俱不成字"。其实此如今之乒乓,乃减画之例;若云用字加撇、加点,则增画之例也。

又有引长其画者,亦与屈曲其画相类,如㐁(㐁)下云:"长行也,从彳引之。"卋(世)下云:"三十年为一世,从卉曳长之。"是也。丰(丰)下云:"从生上下达。"㳂(永)下云:"象水𢀖理之长。"实亦此例。至造字之初,本取长画者则亦不然,如肉部胤(胤)下云:"子孙相承续也,从儿,象其长"是也。

有所谓从古文之象者,此系字体之传讹,或写者改变字形,与增减屈曲其字之笔画,有所为而为之者,相似而实不同。此例,许于革、于、弟、民、酉五字下言之。又大下云:"古文大。"亣(亣)下云:"籀文大,改古文。"亦其例也。然实系此例而许未言之者甚多,如回(回)下云:"转也，从口，中象回转之形。"夊（皮）下云："从又，为省声。"其说皆极难通。此实承古文㔾籀文夊而变耳。支部：𢾭（徹），"通也，从攴，从育"。王氏筠曰："从育不可通，直是古文𢾭形变。"予案鬲（鬲）下云："鼎属。象腹交文，三足。"冖无所取义。石部：𥗕（䃦），从鬲声。其字作鬲，盖其未讹之形。川象三足，⊗象腹及交文，一象其盖，冂则其颈亦有文也。则鬲已为讹变之形矣。此等字形讹变，在六书中原无可附丽，许亦说为象形，实属牵强。此亦可见真欲说明字形，六书之例，殊不足用也。

小异于增减屈曲其画者为增减其字，时则有半文及叠文。而叠文之中，又有叠二、叠三、叠四之殊；叠二之中，又有重书、并书之别。半文所以异于减画者：彼为减其画，此则省其字之半也。叠文所以异于增画者：彼仅增其画，此则所增者为字。所以异于合体字者：彼知合数字以为字，此就一字重复为之，实仍独体字之变也。

半文之例有二：（一）字之两体相同者，取其一体。如支下云"从半竹"是也。此据古文箂而言。（二）则字虽不可分为两体，而其左右形状相同，截取其半者，如爿（片）下云"从半木"是也。其说解虽称为半，而非此两例者，只可归诸减画之例，如夕（夕）下云"从月半见"，谷（谷）下云"从水半见"，歺（歺）下云"从半冎"，俎（俎）下云"从半肉"是也。此等字所减者皆不止一画，与凵朩等字，实亦小异。许或说为半，或不说为半，亦无定例。如昔（昔）下云"从残肉，与俎同意"，然说为残而不说为两半肉；分（分）下云"从水败兒"，实亦与谷同意，亦不说为半是也。

此例所以只能说为半文，而不能指半文为全，全文为其叠者，以其确系取全字之半以见意也。如彳（彳）下云："小步也，象人三属相连也。"亍（亍）下云："步止，从反彳。"行（行）下云："人之步趋也，从彳亍。"象人胫三属相连，无以见小步之意。王氏筠谓必先有行字，去其半以见小步，又反之以为步止，其说甚精。故半文断不能误为全文也。

合二之文，上下书之者，许君称为重文；左右书之者，则称为并文。多（多）下云："从缯夕"，其古文作夕夕，说云"古文并夕"；棗（棗）下云"从重朿"；棘（棘）下云"从并朿"是也。然凡篆有或体，及古、籀与篆相异者，许皆称重文；于此又称重文，未免相混，故后人改称为叠文焉。叠文与并文，有同字者，如多夕夕是。有异字者，如棗棘是。䀠为并文，而籀文䀠以之作敗，亦与多字古、篆以重并为别同。至部䞴为并文，而辵部遷亦重书之，则并无古、籀、篆之殊矣。盖字体之部位，有可移易，有不可移易者，叠并文亦然也。

叠文有与不叠之字同者，如屮古文以为艸字是也。有不与所叠之字同者，如林为丛木，不能谓即木字；䀠为颈饰，不能谓即贝字是也。王氏筠曰："凡叠三成文，未有不与本字异音、异义者矣；其叠二成文，则音义异者固多，而同者亦有之。"《释例》所辑，叠文与单文音义异者五十有余，其中兮、兹二字，仍系音义相同。川（兮）下云："八亦声"；兹字今读子之切，然《广韵》在一先，胡涓切，全引《说文》，则仍读为玄也。同者十有二。王氏以为籀文。予案所谓籀文者，盖指《籀篇》文字异于小篆者而言。《籀书》十五篇，建武时亡其六，许君所见，犹五之三。今许书所载籀文凡二百二十余。假定籀篆异体之数，各篇相同，则籀文之异于小篆者，尚当有百四五十字，合之得三百六七十字。《籀书》九千字，以有复字故，其字数难确知，然不能远少于小篆；以李斯等作字书，许云"皆取《史籀》大篆"也。又云"或颇省改"，或颇者偏有之辞。然则籀文之异于小篆者固不多，可知其不能字字繁复。且今篆文中，叠文固亦甚多也。然则籀文较之古篆，固好繁复，遂指繁复者必为籀文，亦未然矣。惟云叠文仍与单文同，古篆皆有其例，而此例与籀文之好繁复同，则无病耳。

又有两体相同，然不容说为叠文者。如羽不可说为两彡，門不可说为两户是，以鸟自有两羽，門自左右相对也。

叠文有即取义于二者，如：炎（炎）下云"二爻"，皕（皕）下云"二百"，雔（雔）下云"双鸟"，朋（朋）下云"左右视"，誩（誩）下云："竞言"，友（友）下云"从二又相交"。此字之本义，当为相助，与右为音义皆同字，引伸为朋友之友。许君说右云："手口相助"，亦泥字形，故加手口二字耳。是也。有但取多义，不限于二者，如：丝（丝）从二幺，但见其小之甚；林从二木，亦非二木即可成林也。

至于叠三成文，则其意大抵在示多数。王氏筠云：三文惟"蟲三虫也"言三，余除犇惢等不论，"由数目取义者，或曰众，或曰多，或曰群，皆不言三。未有如玨下之二玉相合，狱下之两犬相啮，即以篆文定其数者；可知即至十百千万，皆以三概之也。即其独体成文者，气不能别之为三也，彡不能止于三也，川不能分之为三也，而且山字三峰，火字三焰，断非拘以数也。指之列多，而ナ又约之以三，足趾同乎手，而止亦约之以三。然则凡数多者，皆可约略而计以三也。故知三也者，无尽之词也"。又云："多部说又云重日为叠，言重不言三，故知三也者，无尽之词也。"予案古人言三，本为多数之意，观汪氏中《释三九》之文可知，王氏此说甚通。

王氏又曰："《说文》有叠四成文者，舜甜珡三部，吾重惑焉。由此推之，则五人为伍，亦可叠五人字以为字也；万有二千五百人为军，亦可叠一万二千五百人也。吾意舜字从二艸，非从四中；甜字从二叩，非从四口，大篆从舜而小篆从艸者，五十五文。寒（寒）下云'以舜上下荐覆之'，其舜亦分为二，是舜为两艸之证也。从甜者皆分诸上下，而嚣之或体𧲨但从叩，是甜为两叩之证也。独至于珡，并无从二工三工之字。原《注》：《积古斋》楉妃甗有工字，而词意不甚可解。珡，极巧视之也。许君不言读若某，而《唐韵》知衍切，则是依襄、屢作音也，且本部只一窦字从其义，其说曰窒也，珡犹齐也，申之曰犹齐，则不取极巧视之之义。夫依从之之字以作音，是无音也；从其义者尚别立一义，是本字无义也；经典又无此字，是非字也。非字而许君收之者，直以前人率然作之，而适有他字形与相近，非此无以统之，遂不得不收耳。"予案许书部首，本无深义。王氏所云只是有从之之字，便为部首者，其说极确。然许书通例：叠文无从之之字者，即附单文部末；有从之者，即别立为部。如㳅部只㵽、㵽二字，其篆文皆作流涉，正可以㳅附水部，㵽㵽为流涉之重文，而许君不然，则似有所受之。所受者当否，别为一事。沝下说解云："二水也，阙。"似谓阙其音者。王氏《句读》曰："沝即水之异文。许君未得确据，故不质言之。而与𦣹亦自字麻与林同异文也。王玉树曰：邝氏《易》：坎为水，水作沝。郭忠恕《佩觿集》：音义一而体别：水为沝，火为焱。是水与沝音义并同。筠案此说最精。凡叠二成文者，如竝、炎、从、棘、㯶、吅、屾、豩、䲈、所等，皆当与本字无异。惟沝之即水有据，故于此发之。"予案今《说文》言阙者，不尽许君原文，王氏已自言之。则安知此阙字非后人所补，即断此字之无音？况𨦲下说解，并不言阙耶。许书言读若者本少，知衍切之音，虽或系据裒屡而作，安知非旧音失传，而遽断为本无乎？许书据形系联，原只据其形，并不谓部中之字，其义皆与部首相类。如品部之喦喿，皆从三口，而非从品物之品；羴部之羼从三羊，而非从羊臭之羴；晶部之曡从三日，而非从精光之晶；麤部之䴤从三鹿，而非从行超远之麤。乃至惢部之桑，以为从心疑之惢，固不可通，即以为从三心亦不可通，《释例》亦已自言之矣。安得以𢦔下说𨦲为齐，遂疑极巧视之之义不可信乎？若谓其字不见经典，则《说文》中字不见经典者固多也。字形拆开，古有其例。部中字有叠四成文者，如籀文之三是，王氏亦自言之。又囿之籀文作𡈹，王氏引许瀚说，谓"此作周垣而界画之，实之以四木，以象木之多，非从二林也"。安得执寒器二字，谓其必从二艸、二吅哉？至谓三已为无尽之词，若必叠之至四，则伍亦可叠五人字，军亦可叠万二千五百人，则尤为曲说。叠文固造字之一法，然亦不容过繁。叠四成文，虽繁尚可成字，故有之而不多，而叠五则绝无之也。又安得以此疑玨之非字乎？予谓古人作字，固好繁复。其理见后。工未尝不可作㠭，㠭又未尝不可作瑴。叠二、叠三、叠四之文，诚有与单文不异，而亦互不相异者。然二即以示二义，三即以示三义，四即以示四义，或皆以示多义者，亦非绝无。要当各如其例说之，未可执一端以概其全也。文字并非一人所造，亦非先立条例，而后依之造字。故其条例虽有大齐可求，断不能斠若画一。向来不知字学者，皆误以文字为神圣之人所造。明于字学者固不然。然此等见解，亦终未能尽除。如王氏谓三已为无尽之词，即不应再有叠四成文之字，皆由视造字条例过密，致有此误也。同一字形，而其义不能画一，亦由于此。如王氏所说，皛皫非从品物之品等，乃由造字之人，意境各有不同之故。谓品实兼具皛皫之意，许说遗漏固可；谓造品字之时，本无此意，后人假借用之亦可；即谓造皛皫二字者，本不知有品字，而自用三口见义，亦无不可也。许书则但据形系联耳。一形所涵之义，固可甚多。安能保部中之字，所取之义，不越部首以外？如此，又何以说假借乎？即如丨，"上下通也"，然部中中字、㕚字，岂有上下通之义乎？

又有变其字之位置者，是为倒文及反文。倒者，易其上下之谓；反者，易其左右之谓也。许书于倒、反不加分别，如：ㄐ下云倒人，𩰫下云倒首，而𩰫下曰反盲，𠂤下曰反予是也。许书此等处休例不能画一，盖由所据者如此，不加改定，可参看上篇《中国文字变迁考》。

有似倒而不可说为倒者，如竹不容说为倒艸是；有似反而不容说为反者，如ナ不可说为反又是。以艸、竹各有其物，左右手亦各有其形也。

有反而异者，如反正（正）为乏（乏），反后（后）为司（司）是。有反而不异者，如止（止）为反少（少）而亦说以少，不（不）为反爪（爪）而亦说曰爪是。古象形字不甚拘繁简、向背，罗振玉《殷商贞卜文字考》有一条详论之。夫全不拘向背，则于倒文、反文之例不可通。盖古字有可不拘向背者，亦有不然者也。

字之两体相同，而又相倒相反者，时曰反对文。如籀文誖从二，或作𢐼，𣥺从四止，步从止少相背，䜋从二臣相违是也。此不尽表相反之意，亦有表顺承之意者，如𠬪（𠬪）下云"服也，从爪又相承"是也，王氏筠曰："五经文字云：贊俗以二虎颠倒，与《说文》《字林》不同，窃意俗作是也。虤下云二虎，䖒下云两虎，据此知其不颠倒。贊下独云从虎对争贝。若如今本，是背而不对也。疑字作贇，如鷟字之比；以其难写，乃作贊，后复改之，而《说文》亦因而改易。不然，楷字皆取便利，鷟通作鷟，甚不顾其安，何独于此字倒之以自蹈于不便乎？""乃作贊"下，原《注》云："《李勣碑》如此，《文选·魏都赋》亦有此字。"

凡半文、叠文、倒文、反文等之所以作者，以古人造字，未知合体之法，则能造之字不多，不得不即一字反复用之。此诸字中，虽亦有合体字，大抵后人仿前人之例为之。其最初所用，必独体之文也。如一手也，象其三指之形，手当动作时，可见者不过三指，故以三画象其形。左向则为右，反之即为左矣。二又相交为𠬪，四之即为𠬻（共）矣。左右相向为𠬪，反之则为𠬻矣。犹是三指之形也，覆之则为爪，反之则为爪，爪爪相对则为𠬻，古文为实系爪爪相对，见上篇《说文解字文考》。爪又相对则为

（受），下垂则为🔲，🔲🔲相对又为🔲（舁）矣。此外之字，用之虽不如是之多，其意亦犹是也。昔人以此等为会意。夫会意必合两字之义，两字义异乃可合。倒文、反文，固多独体字；叠文、并文，亦非两体相异。说为会意，未免自乱其例。予谓此等实非六书之例所能该。以六书之例，本不完全故。若求密合，必破弃六书，别立新例而后可。如曰未能，则仍以归之象形，作为象形之变例为较安耳。叠文后世仍有之，如王氏《释例》所举后周广顺摩崖之龘顺二年是也。至于反文，则不独更无作者，即存者亦全不见反之意，如🔲🔲改为ナ又是也。此由篆隶笔法不同：篆取圆笔，左右、上下行皆可；而隶书则惟能自左向右，自上向下耳。

又有但作一画以见意，而不复曲象其形者，此象形之极变也。如🔲（本）下云："木下曰本，从木，一在其下。"🔲（朱）下云："赤心木，从木，一在其中。"🔲（末）下云："木上曰末，从木，一在其上。"🔲（刅）下云："伤也，从刃从一。"🔲（寸）下云："人手却一寸动脉，谓之寸口，从又，从一。"🔲（尺）下云："人手却十分动脉为寸口，十寸为尺，从乙，乙所识也。"皆是此例。夫造象形字至于但作一画，指示其所在之处以见意，而不复曲象其形，其变可谓已极，然所能造之字仍不多。则知独体之文，终不能不穷于用；而合体之字，不得不与之代兴矣。独体象形字，后人亦有造者，如凹凸，依许书当作𠙹𠙶，为合体字；凹凸二字，出于声类，转系独体象形是也。然此等为数甚少。

本、末、尺、寸等字，今人多以为指事。然如吾说，则指事亦当为合体字，而本、末、尺、寸等字所从之一乙等实非字，则仍只可视为部分象形之变例耳。王氏筠曰："半意、半角，半意、半事者：许君于其意必出其字而后解之，于其形与事则不出而直解之。盖以苟出于说解，则人疑其为字也。今本多有出者，则校者恐人不解，侧注于旁，以醒人目。而昧者传写，辄以入正文也。"其所举之例，如：牟下云象其声，气从口出，谓厶；不出者，嫌于音私之厶。牵下云象引牛之縻，指门；不出者，嫌于莫狄切之冂也。愚案许书非字而出于说解者甚多，势难尽指为传写之误。惟许君之意，则并不以之为字；以之为字，确系后人之误。许书所以不立不出于说解之例者，因此本显而易见，不待不出以别嫌也。许书非字亦言从者，如蒐（蒐）下云"山羊细角者，从兔足，首声"是也。许本不以字，而后人误为字者，如：干（干）下云："犯也，从反入，从一。"羊（羊）下云："撠也，从干，入一为干，入二为羊，言稍甚也。"干非反入，而羊亦非从干从一。入一入二者，谓以丫入一入二，非谓丫为反入也。后人因羊下有入一入二之说，乃改干下之从丫为从反入，又改羊下之从丫为从干。羊苟从干，又何入二之有？又有出于说解中，似字而实非字者，如爨下云："卅推林纳火"，只可解为推木，不可解为推林是也。

然则造字而知合体之法，实为一大进步。昔人顾以造独体字为神圣之业，其误不辩自明矣。即今人亦有谓篆书可见造字之意；能明造字之意，则易于记忆；主张教学童识字时，今隶而外，兼为略说篆书者。于是小学校之国文教授书，无不兼及六书者矣。民初之事。此实皮相耳食之谈。无论教学童以今隶，又为兼说篆书，未免徒滋纷扰也。即谓有益，而今日通行之字，尚与篆书相近，篆隶可相印证，由篆书又可推见造字之意者几何？此若干字者，则便于记忆矣，其余之字若何？天下事固不尽有形可象；即有形可象者，亦不能分析入微。如目可象形也，看字尚勉强可谓有象形之意。然如观望等字，仍皆欲用造看字之法造之，即必穷于术矣。且字义时有变迁，今日所用之义，非复古时之义也；说明古人造字之意，何补今字之记忆？象形文字之在今日，只为中国字之字母耳。此各国文字之初，亦无不然者。然ABCD之缘起，何以只为考古之资，不为小学之事耶？

顾《说文》有所谓贵者象形者，其说见于焉字下，曰："凡字：朋者，羽虫之长；乌者，日中之禽；舄者，知太岁之所在；燕者，请子之候，作巢避戊己。所贵者，故皆象形。焉亦是也。"此当谓为之特造一字耳。非用固有之字拼成。特造一字，何以为贵？殊不可解。若谓象形字为初起，其余诸文皆在其后，因贵之之故，古人既已造字，则切于日用之字多矣，古人岂能置之不造，而独造其所贵者邪？此数语是否许君原文不可知；即谓为原文，亦不免博采之失耳。

独体变为合体，则其笔画降而益繁。然古人作字，本好繁复，见后。故独体字后亦多变为合体。如前所举云网等字是。而最简之文，如𠃊古文厷象形，今则厷亦废而行其或体肱矣。乁古文及。等皆废矣。

然象形之字，亦有失之太繁者。如爨（爨）下说云："象持甑，冂今本作臼，段改。为竈口，廾推林纳火。"此字今人说为会意矣。然如吾说，六书之例，当反之于古，则亦当从蟲字之例，说为象形。象形字而欲多造，固必不免此失耳。此字籀文作𤎱，可知𦥑为后加；然𤎱亦已繁重矣。

象形字之初出，虽与图画殊科，其意尚属相近。其后改易殊体，遂致去而愈远。如目字，《博古图》作⊘、⊘，盖纯象形。今字破⊘字之〇作∥，而又纵书之，则全不像。昧者误以一画为象瞳子，乃说为重瞳子矣。不论字之横、直、正、反，亦为图画之意致亡之一端。凡图画，必有一定之方向。不论横、直、正、反，已失图画之意矣；然仍有时与图画合也。至于籀、篆、隶书，则字之横、直、正、反，皆有一定，而其方向，有与图画之意适相反者。如目本当作⊘，而今适作目；水本当作𣲙，而今适作𣱵；又如牛、羊、犬等字皆宜横看；臣字古文作𦣞，实象人伏形，而今亦纵书之是也。篆书中偶有横直不拘者，如隽之从弓，鼎之从水，弓、水皆系横写是。然此特极少之例耳。又如鼻之本字为自，盖以◯象鼻，而其下则为口字。所以必兼画口者，以纯鼻不易象，且恐与三合形之△混也。古文作自，则又兼画两眼，与图画之△无异。故加以囗即成面、页等字。详见《说文解字文考》。如今自字，象形之意，已全不可见，况又纯用引伸之义，而其本字顾代之以鼻乎？

文字既非图画，则其形状，自不必与物毕肖，故有随意改易者。如星（星）下说曰："一曰象形，从〇，古〇复注中，故与日同。"夫日本可作〇，所以注中者，示实之意，以别于训员之〇耳。古有训员之〇字，见《说文解字文考》。古文星为形声字，其初或作⸫，不注中以别于日，三之以别于〇也。日月皆一，而星则甚繁，故三之以见多义。若〇复注中，则与三日无异矣。此等盖因随意加画而讹。

又有径出转变者。如米、番本系一字，而米有古文𠂹，有古文🔣。盖🔣之形最古。前五画以象爪，🔣以象掌，中画曳而长之以象胫，去其🔣则成🔣，更略去两画则成🔣；而🔣亦可变为🔣，以🔣加🔣则成🔣矣。亦见《说文解字文考》，此等字往往不免于复。如🔣（昔）下云："从残肉，日目晞之。"然籀文作🔣，则从残肉而又从全肉矣。🔣（啬）下云："宫中道，从口，象宫垣道上之形。"此只说🔣，明🔣为后加也。中盖象物之高出者，亦见《说文解字文考》。〇即口，是亦重复也。又如🔣（百）下云："头也，象形。"🔣（页）下曰："头也，从百从儿。"盖又加以人字，已为重复；🔣（面）下云："颜也，从百，象人面形。"则复而又复矣。夫如今形🔣，则似米，又似官溥所说似米而非米者。🔣既似田，又似果之上体。合二形以成字，孰能知其所由来乎？又如霝，"雨零也，段依《广韵》改雨霎也。从雨，🔣象霎形"。夫口，"人所以言食也"，即🔣（器）下云"象器之口"，亦只能该凡口之义，而不能象雨霎之形。盖古字镂空与填实不分，口本可作▽，填实之则成▼；霝字下体本作🔣，后乃变为🔣也。夫此等处，乃据今之篆书，尚可窥见其本原者耳；其不能窥见者何限？且此等说，皆据今日所见之字。吾曹所见者只此，则似觉可通，然究有合与否，亦殊不可知也。然则字之初形，岂易知哉！

象形文字，不免混淆，此乃其事之性质如此，无可如何。如一🔣字也，改易而成🔣，又改易而成🔣，遂致与米田等字相混；此固可诿为转变之失。然如石字加厂，即非纯象形矣；若纯象形，只当作口。文字既非图画，岂能举笔即画石形？其势非成规形之〇，即将成方形之口，终不免与训员之〇，训回之口相混。即能避去〇口二形，然若凡字皆欲以象形之法造之，又岂无不方、不圆之物，与之相混者邪？此象形之术所以终穷也。

第四章
指　事

凡讲六书，其道有二：为考古起见，求古人所谓六书者，说究如何？一也。为讲明字例起见，研求六书之说，如何而后尽善？又其一也。六书本粗略之说，微论其不足以尽字例；即用为字例之大纲，亦终觉未安。故吾谓讲文字之学于今日，而仍拘守六书之例，实可不必。即谓不然，而研求六书之说如何而后尽善，与求古人所谓六书者说究如何，亦系两事。立一说于此，谓六书之说必如是而后尽善可也。执尽善之说，遂谓古说即系如此，则诬矣。精于考古者，莫如清儒，然于此似未见及，则尊古太过之弊也。

许说指事曰："视而可识，察而见意。"其说未甚明了。其所举之例，又只上下二字。次于许君者为卫恒。其说曰："在上为上，在下为下。"其言弥不可解。今案卫恒而下，说指事最古者，莫如贾公彦。公彦《周官疏》曰："人在一上为上，人在一下为下。"知今所传《四体书势》，实有夺文。篆文上下二字，皆当从人从一。今本篆形实讹也。段氏臆改为二、二，殊非。《说文》氎字从上，芐字从下，岂得改为臧芷邪?

古事与物通，指亦训处。故许《序》指事，郑司农作处事。知指事即处物。处物者，因其物之所在，以定其字之义。亦为合体之字。所以异于会意者：彼合两字之义；此则两体之中，其一为实物耳。

指事字为数颇少。严密言之，惟 閠（闰）、从王在门中。𦻏（葬）、从死在茻中。𡪢（寒）人在宀下，以茻上下荐覆之。等字，足与许所举上下二字相当。推广言之，则凡偏旁部位，不可移易者，皆合指事之意。王氏筠曰：凡"日部字：日在上者，虽不尽是光明字，而无一昏暗字；日在下者，大都是昏暗字，惟啓有由昏之明之意。晋下云：'日出万物进，不主日。'晳字则大徐误也，小徐作晰是。"即此意也。予案日部字，惟杲从日在木上，杳从日在木下，确有合于指事之例。至昗从日在西方，隶书移日于上，段氏讥其失制字之意，固然。然其字自是形声，谓其日在仄右，亦含指事之意则可，径以为指事字，亦未安也。然则指事字信不多矣。

指事古说，不过如此。后人自立条例，曲生新解，于是有以象有形之物为象形，象无形之物为指事者；而不知八象分别相背之形，确无的指之物，说解固明言象形也。又有以本、末、尺、寸等字为指事者，此则为段氏改上下为二二所误。甚至拆字为说，如尟字等，明属会意者，而亦隶之指事，则更不足论矣。

第五章

会　意

　　会意之说，许曰："比类合谊，以见指㧑。"夫曰比、曰合，则必有两谊而后可。故会必释为合，而不容释为领会之会；领会之会乃今义，非古义也。武信而外，惟"背私为公"，背八一字。及"尟是少也"等，为会意之正例。是，说解曰："直也。从日正。"谓日正临于物之上。物，日正临其上，则其影小。古少小二字通用。是小，谓其以是而小也。羂（罢）下云："遣有罪也，从网能，言有贤能而入网，即罢遣之。"说虽周章，亦与武信一律。䕃（荫）下云："艸阴也。"䛐（诂）下云："训古言也。"则虽与尟字一律，已可说为形声矣。俗造歪字，却系会意正例。言语自少之多。其孳乳也，必就相类之义，小变其声以当之。故字义相类者，其声亦必相类。此形声之字所以多可说为会意也。然既分六书，即当严其界画，形声制字，自系有取于声。若因其义可相通，而即说为会意，则其部分不明矣。形声字且不可说为会意，而务推广其例者，乃举倒文、反文、增画、减画、屈画、半文、叠文等，悉以归之。夫如是，则非释会为领会之会不可。主此等说者，亦知其不可通也，乃曲为之说曰：如彳亍二字者，"分彳亍以会意，非识行字，即此二字不可识，仍是会合本字"也。真可谓之凿空矣。

会意之字，比合两字之谊，乃既有文字之后合两字以成一字，所谓"合体为字"，与初文之一字而可析为两体者，不可同日语也。而刘氏师培乃曰："会意者，两形并列之字也。亦出于古代图画。如儛字从人从舞，即画人而加以舞蹈形也；婦字从女从帚，即画一女持帚之形；苗字从艸从田，即画艸生于田之形；焚字从林从火，即画以火烧林之形。"不知此乃象形字之较繁复者，前所举之果字等，正是此例。此可说为合体象形，不可说为会意也。然如儛、婦、苗、焚等字，苟如刘氏之言画之，犹必两形并列也。乃刘氏又曰："信字从人从言，在上古时必画一人作欲语之形。""位字从人从立，即画一人直立之形。"夫如今信字、位字，以人字与言字、立字合成，则可比合两字；若用象形之法画之，欲语之形，直立之形，试问如何离却人字，更成一体？然则何云两形并列邪？

第六章
形　声

形声者，造字之法之大进步也。象形、指事、会意，造字皆不能多，势必不足于用。有形声之法，则以字表言，以言表意；意之能达与否，其责由言负之，与字无涉矣。故有形声而文字之用不穷；小徐顾谓其在六书之中，最为浅末，误矣。

形声字大抵合两字而成，一取其义，一取其声，此夫人之所知也。两体之中，先有义旁，而后觅一声旁以表其声欤？抑先有声旁，而后觅一义旁以表其义欤？则论者之说不一。寻常人多谓先有义旁，以其论造字注重于达意也。治文字之学者，则或谓先有声旁，谓同一音也，所表之义，降而益繁，笔之于书，未免淆混，则加一义旁以为别。在未加义旁前，其字为假借；在既加义旁后，则其字为形声也，此即所谓分别文，见后。固确有是理。然形声字之声旁，与其读音初不密合，此其诚证有三：（一）同从一声之字，韵部互异。如顾、旂同从斤声，而《卫风•硕人》，顾与衣、妻、姨、私为韵，《左》僖五年，旂与晨、辰、振、贲、焞、军、奔为韵是也。《说文》之读若，亦有如此者。如㑋从朋声而读若陪是。（二）形声字所从之声，与其读若即系一字，如瑂读若眉，咙读若尨是也。此例最可疑，然《释例》所辑，凡得三十九字。王氏曰：谓"皆后人所增，何至如是之多？且彼于要义或删之，何独作此费辞乎？"（三）声义皆同之字，读音不同。《尔雅·释诂》："陨、磒、湮、下、降、坠、摽、䔲，落也。"《注》曰："磒犹陨也，方俗语有轻重耳。"此例甚少，然明白无疑。而或体亦多因声旁，则必有先有义旁者。许《序》云："以事为名，取譬相成。"以事为名，犹言据物造字；取譬相成，则谓加一字以表其声，以晓读者耳。然则许意亦谓先有义旁也。故先有义旁或先有声旁，必兼之而义斯备。抑造形声字必兼取义旁及声旁，则二者实不能谓有先后；即其有先后可言者，于实际亦无关系，斯说也，置诸勿论可也。

形声字之先有声旁，而后加义旁以分其义者，其声、其义，必能互相关联，此诚自然之理。即先有义旁，而后加声旁以表其声者，就其声旁，亦非遂不能得其义。何则？凡义之相类者，其声亦必相类，此乃语言自然之例。造形声字者，固无处觅全与字义无涉之声旁也。故王氏筠谓形声字必如许所举之江、河，但取其声，而于义了无干涉者，乃为最纯之例。其说实为非是。何者？用字注重其形，形不同者，即声同而义亦厘然各别，此乃后世之事，古人初不如此。古人用字之重声，远较后世为甚。王氏媒下云："谋也，谋合二姓。"妁下云："酌也，斟酌二姓。"而不曰"谋省声，酌省声"，以古人用字，以声为主，某勺自有谋酌之意也。其说甚通。乃又云："柽木色红，故字与赪同音，而圣声中不能得此意；祥读普，故两字之训，皆曰无色，而半声中不能得无色意。"则自相矛盾矣。圣之与赪，半之与普，在今人视之，厘然各别；在古人，则安知其睹圣而不能得赪之意，睹半而不能得普之意乎？故谓形声字之声，与其意截然不相入，读其声，绝不能知其意者，乃必无之事也。然则形声、会意，将何以为别？曰：当视造字之意而定。造字之时，其合两体，系一取其声，一取其义，则所造之字为形声；主于比类合谊者，则会意字也。此诚不易分别，然论其理，固不得不云然耳。

形声字之义旁，于义必不能该备，而亦不能确切不移。故两形声字，有时可以互易。如让、相责让。攘、此为揖让之让之本字。诡、责也。恑变也。是也。故其或体可以甚多。木部：槾，杇也。王氏《句读》曰："器用金而以木为柄，故此从木，而金部又有镘。所涂者泥也，泥用土及水，故《孟子》'毁瓦画墁'，从土；《庄子》'以辱行污漫我'，从水。槾之用手，《荀子》'抗折其貌以象揱茨蕃阏也'，从手。手者，人之手也。《荀子》'汗僈突盗'，从人。惟《庄子》'郢人垩慢'，《释文》：慢本亦作槾，则或是残字，不足计。"实其最明显之例也。

形声字之偏旁，必为一形一声，至其两母如何配合，则可不拘。贾公彦曰："江河之类，是左形右声；鸠鸽之类，是右形左声。草藻之类，是上形下声；婆娑之类，是上声下形；圃国之类，是外形内声；阓阗、衡衔之类，是外声内形。"王氏筠曰："阓阗仍是外形内声，当易以闻、问、闾、阋等字。而从行声者无在外之字可易，惟衞从衍省声耳。"殊属无关弘指。因中国字之配合，除指事外，部位大体不拘故也。

形声字大抵两母,亦间有不然者。如糷从韭而次弔皆声是也,此盖由古人作字好茂密之故。见后。其即以古文为声者,如:麗从丽声,裘从求声,当亦以此。此亦累增字之例也。见后。

又有所谓"亦取其声"者,如世及秃字是。此盖由造字者意果何居,说解者未能定故。

字有形、音、义三端,象形、指事、会意,就其形只能得其义,形声字则兼可得其声。故考古人之语言,实以凭借形声字为最便。凡同从一声之字,其读音虽不能密合,而亦必相切近。苟能求得其一,则其余皆可类推矣。求得古人之读音,实为极难之事。清儒于声韵之学,用力最勤,然其所考求者,亦以韵部之分合为多,实详于韵而略于声也。予谓人声变,物声不变。语言之声,有模仿动物及自然之声者。虽至后来,与初有是语时大异;然其最初之声,则必与所模仿之声相近,固可即其所模仿者以求之也。如小儿之儿,今吴人读之入寒韵;淮南人读之,则音在歌、麻之间。试观鹓从儿声,则知古人之读儿字,其音实与鹅鸣相近,淮南人之音,较为近古也。

形声字所从之声,与其读音既不密合,故睹其形者,仍不能知其音,此诚为未善。然数千年来,文字能随语言而变化,终必由之。今人作文,遇字为古所无者,或有之而不知。辄随手造一形声字,造者初不甚难,读者亦无不能解,即其明证也。所取之声,虽不与语音密合,亦有大致可求。如今日称工商业之主曰老闆,闆从品声,老闆并不读老品,然亦不致误解,其明证也。此非以某一种语言为据,而实系文字之习惯相沿。以语言不统一,故以一种语言为据而取其声,反不如顺前此文字之习惯者,为众所易喻耳。

第七章
转 注

六书之中，转注、假借，说最纷歧；而转注尤为难通。许君说转注曰："建类一首，同意相受。"语意既属难解；所举考、老二字，亦未知其举之之由。求诸古人，江式于六书既无所发明。卫恒曰："转注者，以老为寿考也。"贾公彦曰："转注者，考、老之类是也。建类一首，文意相受，左右相注，故名转注。"其不可解，亦与许说同。旧说谓"考字左回，老字右转"，乃误据隶书为说，徐锴已驳之。戴侗《六书故》别举侧山为阜，反人为匕之属。案此等字实系象形变格，已说于前。徐锴说转注曰："老之别名，有耆、有耋、有寿、有耄。此等诸字，皆取类于老，则皆从老。若松、柏等皆木之别名，皆同受意于木，故皆从木。"又曰："物之实有形可象，则为象形。指事者，谓物之虚无，不可图画。会意亦虚也，无形可象，故会合其意。形声者实也，形体不相远，不可以别，故以声配之为分异。若江、河，同水也，松、柏，同木也，江之与河，但有所在之别，其形状所异者几何？松之与柏，相去何若？故江、河同从水，松、柏皆作木。有此形也，然后龤其声以别之，故散言之则曰形声。江、河可以同谓之水，水不可同谓之江、河；松、柏可以同谓之木，木不可同谓之松、柏，故总言之曰转注。大凡六书之中，象形、指事相类，象形实而指事虚。形声、会意相类，形声实而会意虚。转注则形事之别，然立字之始，类于形声，而训释之义，与假借为对，假借则一字数用，转注则一义数文。凡六书为三耦也。"小徐之说转注，盖主于义者也。

戴氏震、段氏玉裁，为清代治《说文》开山。其说六书，大体皆本小徐，特又分造字及用字两端耳。戴氏答江慎修书曰："转注之云，通以今人语言，犹曰互训。《说文》于考字训之曰老也，于老字训之曰考也，是以《序》中论转注举之。《尔雅·释诂》有多至四十字共一义，其六书转注之法欤？大致造字之始，无所凭依，宇宙间事与形两大端而已。指其事之实曰指事，一、二、上、下是也。象其形之大体曰象形，日、月、水、火是也。文字既立，则声寄于字，而字有可调之声；意寄于字，而字有可通之意，是又文字之两大端也。因而博衍之，取乎声谐曰谐声；声不谐而会合其意曰会意。四者，书之体止此矣。由是之于用。数字共一用者，如初、哉、首、基之皆为始，卬、吾、台、予之皆为我，其义转相为注，曰转注。一字具数用者，依于义以引伸，依于声而旁寄，假此以施于彼曰假借。所以用文字者，斯其两大端也。六者之次第，出于自然，立法归于易简。震所以信许叔重论六书，必有师承；而考、老二字，以《说文》证《说文》，可不复疑也。"

段氏承戴氏之说，谓"全书内用此例，不可枚数。但类见于同部者易知,分见于异部者易忽。如人部:但,裼也;衣部:裼,但也之类,学者宜通合观之"。又为详立义例曰:"异字同义,不限于二字,如裼、裸、裎皆曰但也,则与但为四字;窒、寶皆曰窜也,则与窜为三字是也。有参差其辞者,如初下曰始也,始下曰女之初也。有纲目其辞者,如䛐为意内言外,而弞为兄䛐,者为别事䛐,魯为钝䛐,曾为䛐之舒,尒为䛐之必然,矣为语已䛐,乃为䛐之难是也。有云之言者,如孔子云貉之言貉,貉恶也,狄之言淫辟也是也。凡经传内云之言亦云之为言者视此。有云犹者,如不下云一犹天也,尔下云丽尔犹靡丽也,本下云大十犹兼十人也,苟下云勹口犹慎言也,窜下云琵琶犹齐也是也。凡传注中云犹者视此。有以假借为转注者,如会下云曾益也,曾即增;皀下云匕合也,匕即比;巤下云允进也,允即鞔是也。"王氏筠亦宗段说,又为补姽靦也,靦面丑也一例。又王氏发明《说文》说解当分句读,故又因此而得三例:(一)日部:早,晨也;晨部:早,昧爽也。早字自为句,加昧爽以申之,早与晨为转注也。(二)禂下云:祷,牲马祭;以祷释禂,再以牲马祭说其所为之事,义分广狭,但就祷之一义,亦为转注也。(三)𨙸、跨,步也;𨙸跨一事,以重文为训,步字释其事,𨙸跨二字,亦转注也。又曰:《说文》之例,"有隔字而后转者,如论下云议也,议下云语也,语下云论也。有互见以为转者,如讆下云诞也,夸下云讆也,诞下云词诞也,講下云讆也"。有逐字递相注而不复转者,如"揃之下为搣,故说揃曰搣也;搣之下为批,故说搣曰批也;批及抑之下为捽,故说批抑皆曰捽也。至捽而异文毕矣，即说之曰揎，曰搣，曰批，曰挹，人究不知为何事也。故质言之曰持头发也，而上四字皆可知矣"。又有皆用假借字者，王氏谓之罗纹法。言部：諲，相毁也，毁乃嫛之借；女部：嫛，恶也，恶乃諲之借是也。戴氏、段氏博求其例于凡古书，而王氏精求之于许书。转注互训之说，至此可谓无遗憾矣。然此说有未安者三：班《志》六书为造字之本云云，固为后人所窜。见上篇《中国文字变迁考》。然推原造六书之说者之意，则必以此为造字之六法，乃并列之。谓此数语非班《志》原文则可；谓作此数语者，并失造六书之说者之意，则不可也，安得忽杂以用字之法乎？一也。互训之说，以言乎同意相受则得矣，何解于建类一首？许说六书，皆为韵语，诚不能十分确切。谓其四字皆属空话，恐亦不然。若强解为同义即同类，岂六书之说，必以《尔雅》为之注脚邪？二也。互训之说，乃就说解求之。《说文》一书，系博采当时字说而成，并非出于一手；六书之说，亦旧说而许氏录之，说皆见前及拙撰《中国文字变迁考》。然则六书之例，安得求之说解？岂当时撰此韵语者，遍见《说文》中之说解而后为之辞邪？三也。故戴、段二氏之说，揆之于理，虽亦可通；然谓古人所谓转注，义即如此，则必不然也。

于是有以许书之分部为建类者。江氏声《六书说》云："立老字以为部首，所谓建类一首。考与老同意，故受老字而从老省；考字之外，如耆、耋、寿、耇之类，皆从老省而属老，所谓同意相受。由此推之，则说文五百四十部之首，即所谓一首也；下云凡某之属皆从某，即同意相受也。"许氏宗彦宗之，而驳戴氏之说曰："《后序》曰：其建首也，立一为耑，即建类一首之谓也。注本言水相输灌通流。字之从一首相注，亦犹水之从一原相注尔。所谓同意相受，盖如水之受水也。他如《左传》言附注，言又注，《尔雅》言注旄首，皆以相属为义。转注之字，亦有属于部首之义矣。今之言转注者，不求之于偏旁字体，而求之于诂训字义，释转注为互训，谓如《尔雅》之释诂，不知诂训出于后来，若造字时欲造一字而先有一字以释之，则此字可不造。东汉以前，释古人之书者，曰解，曰说，曰传，曰故，曰章句，曰解故，曰说义，无曰注者。自郑氏始有笺、注之名，以后乃多作注，而欲以此当六书之转注，恐非笃论。"张氏行孚宗许说，谓造字之初，苦难孳乳，每类立一首字，而其余同类之字，依首字展转增之。夫许氏释首字、注字之义，似极确矣。然如吾说，许书本博采而成，六书之说，亦系成说，而非许氏自立条例；则谓"其建首也"之首，与"建类一首"之首，必为一义，亦属无当。若谓注字当从古义，不当从汉以后义；训诂乃三代后事，非造字时事，则如吾说，六书固亦汉人之说，非真西周保氏之教也。至谓造字之初，每类立一首字，而其余之字，依此而增，则非以文字为一二人所造不可，其说尤不合理矣。今即置此等勿论，其说亦有不可通者。朱氏骏声曰："许书所谓同意相受，惟老、履、广、廌数部耳。他如木部有植物，有器物；水部有地事，有人事；日部有日星之日，有日时之日；尸部有横人之尸，有屋宇之尸；首虽一而意不同。"然则建部首之字以为首，部中之字，何同意相受之有？况乎分部多少，本无一定。故章氏炳麟驳许说曰："五百四十部，非定不可增损也。如蠋本从蜀，而《说文》不立蜀部，乃令蜀、蠋二文，同隶虫部。是小篆分部，尚难正定，况益以古籀乎？必以同部互训为剂，《说文》雕、鼛互训也，雎、雖互训也，强、蚚互训也，形皆同部，而篆文雕字作鵰，籀文雎字作鶅，强字作彊，佳与鸟、虫与虵又非同部，是篆文为转注者，籀文则非；籀文为转注者，篆文又非。"形体有变，而转注随之，训诂焉得不凌乱邪？是许说亦不可通也。

于是有就造字立论而别创新说者，是为孙氏诒让及汪氏荣宝。孙氏之说曰："仓、沮制字之初，为数尚尠。凡形名之属，未有专字者，则依其声义，于其文旁诂注以明之。《说文》晶部释曐字云：古〇复注中，故与日同；又金部说金字云：左右注，象金在土中；即注字之义。其后递相沿袭，遂成正字。自来形声骈合文，无不兼转注者，如江河为齛声字，亦即注水于工可之旁以成字也。后世倘作新名，则亦可用兹例。故古文偏旁，多任意变易。如宫县之乐谓之墙，钟磬之县，半为堵，全为肆，而因钟为金乐，则作鏞作鏪鏄，篨又铸金刻木，则作鑜作㯎；以盛黍稷，则又从米作糦是也。或增益偏旁，如昧爽之爽，借窲为之，则注日作曘，武事执俘省从爪，则注戈作戝是也。"其释注字，似亦有理。然《说文》说字之孳乳曰："形声相益"，明系合两体造成一字，非于一字之旁，更加诂注。《说文》所谓"〇复注中"及"左右注"者，乃指、而言之，即"有所绝止而识之"之、，非以字旁注之谓也。古字偏旁任意增益、移易，观昔人论音义皆同字之例，可以明之。见后。安得牵合转注乎？汪氏之说曰："转注者，以改字为造字。老从人毛匕会意，此字之先起特造者也。老字既成，则凡言语之义近于老者，即以老字为根本，略变其体以别之。故取老为首，存人毛而去匕，施丂则为考，考亦老也。施子则为孝，孝者，善事老之称也。施至则为耋，施旨则为耆，施䛒则为寿，施匈则为耇，皆老之异名也。夫是之谓'建类一首，同意相受'。譬之大川之水，别为众流，而还相灌输，夫是之谓转注。故转注者，乃取一合体之字，削其一体，而代之以他体，以为新字，而其义则仍与原字之义相通或相承者也。夫考以丂为声，似形声字，然不成为形声而成为转注者：以丂虽是声，而人毛非形，考之从耂乃老字之残体，非从人从毛，不可以隶人部，亦不可以隶毛部也。孝于文从子，似会意字；然不成为会意而成为转注者，以人毛与子，无意可会；孝之为义乃以子承老，非以子承人毛也。因此可悟许书之例，凡特立一字为部首，而其隶属于此部之字，从部首之省以为形者，皆转注之类也。是故以画为首，省其中形之田、而代之以日，则为昼。画者田之界，昼者日与夜之界，昼为画之转注也。以杀为首，省其右之殳、而代之以式，则为弑，弑为杀之转注也。天下制度文物，并由难而趋易，由拙而趋巧，造字之法亦然。会意、形声乃象形、指事之集合；而转注、假借又会意、形声之简略。转注者，即减笔之形声会意；而假借者，实不加偏旁之形声而已。"汪氏之说如此。夫"省"及"从残"，或"省其一体"，《说文》明有此例。若转注即主于此，许君安得不言？若谓他体可省，而部首不可省，则舄、焉二字，何以入乌部乎？谓一部不可只一字，则《说文》部只一字者凡三十七也。夫学说可以不传，而事实不能骤变。六书之法，后人造字，亦皆能用之，以其为事势之自然，亦为人心所同然，故不期而合。以改字为造字，何独不见于后世邪？茶别作荼，角别作甪，乃减画非改字。刁斗别作刃斗，乃改画，非改字。况此二者，皆因字音之讹变而生，非以此为造字之一法，而据之以造字也。故汪氏之说，亦不可通也。

又有改许说以申己意者，是为朱氏骏声。朱氏曰："转注者，体不改造，引意相受，令、长是也。假借者，本无其意，依声托字，朋、来是也。凡一意之贯注，因其可通而通之为转注；一声之近似，非其所有而有之为假借。就本字、本训而因以展转引申为他训者曰转注；无展转引申而别有本字、本训可指名者曰假借。"其说亦言之成理。然六书非绝学，许君而外，不得遂无人知之。如卫恒即去许甚近。然从未有一人焉，驳许说为误者；则朱氏之说，谓之自立一说可，谓其说即古说，则不可也。

众说之纷繁而无当如此；无已，惟仍求诸许书。许书说转注之语，既不可解，则求诸考、老二字。考、老二字，义近而非尽同；声近而亦微别。王氏筠谓逼肖其例者甚少，惟茉莉、蓇葖，与之相当。予案茉莉、蓇葖为双声，考老为叠韵；双声字可谓即一语，叠韵字则不然。故吾谓惟猓之与多，乃与考老逼肖；以其义同、韵同、而声别也。多部："猓，齐语多也，从多、果声。"信如是也，则吾不得不有取于章氏炳麟之说。章氏曰："类谓声类，首谓语基。双声相转，叠韵相迆，则为更制一字，此所谓转注。孳乳既繁，即又为之节制；故有意相引伸，音相切合者，义虽小变，则不为更制一字，此所谓假借。考老同在幽类，其义相受，其音小变；按形体成枝别，审语言同本株，虽制殊文，其实公族也。"夫文字必有形、音、义三者，而三者之迁变，不必同时。故有义变而音及形皆未变者，吾欲名之曰引伸。见后。亦有义不变而音少讹，或音小变而义亦微别者，若别为制字，即成转注；不别制字，而即用同音之字，则为假借。盖音小变而义亦微别者，非别制一字，或借用他字，固难期其吻合；即音少讹而义不变者，非别制一字，或借用他字亦无以显其言语之真。如今吴语谓钱曰钿，使以苏白作文，而仍书之为钱，即无以见其为吴语。故必改其形以显其音，使作此字者，知有金钿之钿而用之，是为假借；若其本不知有钿字，自造一从金田声之字而用之，而适于古字合，此例在文字孳乳中亦不乏，见后。则即转注之例矣。中国文字虽有变迁，而造字之法，则自古迄今，未尝有改；就后世之事观之，固足证章氏之说之确也。

第八章
假　借

假借之说，似较转注为易明；然亦有宜辨者一端，则许书所谓假借，究系后人所谓引伸，抑真系假借是也。假借旧说，可分三端：一曰因义近而借，二曰因形近而借，三曰因声近而借。因义近而借，此即所谓引伸，实不容说为假借。后人或以许所谓假借，实今所谓引伸；今所谓假借，当别之曰通假，其说非是。见后。形借、声借二端，又当以声借为主，因许明言"依声托事"也。

六书之中，假借之法，实为最妙；以有此则可省无数无用之字也。夫义之差别无穷，而人所能发之声有限。使造字而以义为主，义有微别，即须另造一字，则字将繁至无穷。且事理之同异，人人所见不同；据义造字，字数既多，用之必不能一律。何则？甲见为两事有异而用两字者；乙或谓两事不异而用一字也，则文字必纷然淆乱矣。故用字必以声为主，声同即字同，为其常；声同而字不同，为其变也。

天下有无穷之义，不能有无穷之声。夫如是，则必有声同而义异之语矣。然言语变迁，最为微妙。彼于其义之相近，虞其淆混者，自能双声相衍，叠韵相迆，别成一音。而于其义之相远，不虞淆混者，则不然。因言语之别成一音而为之制字，此文字之所由孳乳，象形、指事、会意、形声、转注五种字之所以成；若不制字，即取一固有之字而用之，则文字之所由减省，而假借之所由起也。然则假借者，乃与其余五书，立于相对之地者也。然假借仍具造字之用。

故假借之字，有始终未造本字者，此最假借之正格也。然既造本字而仍不行者亦有之，如五十年前之㗢儀二字是。《说文》口部有嘫字，说曰"语声"，然经典皆只作然，亦是此例。《后汉书·皇后纪赞》："祁祁皇嬧，言观贞淑。"《注》："字书无嬧字，相传音丽，萧该音离。"又《通鉴》：宋文帝元嘉二十九年，魏"克沮渠氏，得赵𢾅玄始历，时人以为密，是岁始行之"。《注》："遍考字书，无𢾅字。以偏旁从匪从文，离而合之于上下，读如斐字。"此亦㗢、儀之类，盖虽造而旋废，故字书无之也。凡许书中假字行而本字废者，皆此类也。

又有其字极熟，而本义全不见者。如《说文》训所为伐木声，引《诗》曰"伐木所所"，而今所字见于各书者，皆借为处字。此盖其字本可不造，故虽造而旋废，而转借假义以行。此又假借之别例矣。

《周官·小宰》："以官府之八成经邦治，一曰听政役以比居。"《注》："玄谓政，谓赋也。凡其字，或作政，或作正，或作征。以多言之宜从征，如《孟子》交征利云。"此义仅一而所借字多者。今皆作征，是终亦仅行其一也。

《释例》云："古人之用字，惟以声为主，故于有是语无是字者借之,即有是字者亦借之,取其入耳可通而已。"予案文字本非一人造之,颁行天下;庸有甲造之而乙未知,此方有之而彼方无有者。况《说文》之为书,远不如经典之古。凡《说文》有本字而经典无之者,安知写经典时即有此字?则以今有本字,古书只作借字,因谓古人于有本字者亦用借字,实未安也。然不论形之合否,声同即入耳可通,确有是理。今不甚通文义之人,下笔恒多写声借字,亦未见其竟不可晓也。知有本字,以为不必用,而仍作借字者亦有之。如知有働、儎,而下笔仍作动、载;知有她、牠,而下笔仍只作他是矣。然义之分别,至后世而始严。声同而义旁不同之字,在后人视之为两字;在古人视之,固仍一字也。故有许多分别,实至后世而始生;据后世之义,而谓古人所用全属借字,终觉其未安耳。

借字据音,其例有四:(一)为双声,如借赖为利,借答为对是。(二)为叠韵,如借冰为棚,借冯为溯是。(三)则一语分为二,如借不律为笔是。(四)则二语合为一,如借诸为之乎是。大抵重言、语助、及人、地、物名,借字最多。他种字古人用借字者,后世或别造字;此三种则不然。因重言、语助,本无实义;人、地、物名,有有所取义者,不然者,其义即无可追求也。

就字之笔画言之,则有省借及增借。省借如借隹为维;增借如借盖为盇是也。予谓省借者,乃既有专字后,仍用未造专字时之字;增借则既有专字后,并以之代元字,实仍以声为主而已,非欲于笔画有所增减也。然因增减笔画而借者,事亦有之。如鄌地名,今以为乡党字;混丰流,今以为杂乱之溷,皆图省画而然。其借画多之字者，如古人于包多作苞是，此由古人作字，多好茂密也。见后。字形之变，大抵由声。如菽、豆二字，周人之文多言尗；惟《战国策》张仪谓韩"五谷所生，非麦而豆"，汉以后则多作豆是也。段氏说。亦有由地域之殊者。此方之语，入彼方而音讹，而其义如故，用字必求适合其音，于是不别造字，即须假借矣。甚有彼方之音，流还此方，此方化之，亦舍固有之字而用借字者。张行孚曰："造字之初，一字虽止一音，而字之叠韵双声，一转即变。此处读鲜音，彼处必有读斯音者；此处读轩音，彼处必有读区音者；此处读轩音，彼处必有读昕音者。逮其后，彼处所读之音，流传于此处，则虽此一处而一字亦有两音矣。"其说最通。

一处之方言，必有一特制之字以表之，乃能适合。《说文》姐下云："蜀人谓母曰姐，淮南人谓之社。"此特有之语，蜀人用形声之法为之制字；淮南人则不制字，仅借同音之字而用之也。使蜀人而不制字，亦必假借同音之字。同文字之时，废方俗之字，亦必用假借字以代特制之字矣。如今废囝字而代以与囝同音之字。

篆隶笔势不同，改篆为隶，字有因之而废者，则亦假借以代之。《说文》："茟（莘），箕属，所以推粪之器也。"《集韵》："莘，吕静作籓。"以籓代莘，即以莘字不便隶写故也。此亦假借之一例，桂氏附说，论之最详。

假借本但取其声，故一字也，借之者可至极多。段氏论匪字曰："有借匪为裴者，如《诗》有匪君子是也。有借为分者，如《周礼》'匪盼'，郑司农曰'匪分也'是也。有借为非者，如《诗》'我心匪鉴''我心匪石'是也。有借为彼者，如《左传》引《诗》'如匪行迈谋'，杜曰'匪彼'也；《荀子》引'匪交匪舒'，即《诗》'彼交匪舒'是也。"盖其用之本主声，故声合即无乎不可也。

义旁分别，后世乃严。声同而义旁不同，或一有义旁，一无义旁，在古人视之，即以为一字。故今字所用之义，考诸古书，有两字互易者。如据《说文》，僮为未冠者之称，童即奴；然后世相承，皆以童为童幼，僮为僮仆是也。王氏筠云："职下云记微也，是经典识字义，《论语》默而识之，多见而识之是也。识下云常也，是经典职字义也，《释诂》'职常也'是也。史部说曰记事者也，故事字即在部中，曰职也。《易》曰'君子以多识前言往行，以畜其德'是也。读《说文》者，误'解事职也'之职，为《周官》'太宰之职'之职，幸得不改。"此亦僮、童之例，特其互易较早耳。夫彼此互易，则不啻此既借彼，彼又借此矣。特以分别宜存，故两字未废其一。《说文》绛与红，来与麦，后人谓其互讹，理亦由此。许君曲说其形则非。

借字之音，与借此字以为用之语之声，不必密合。盖造字本属难事，不徒有适合之声者，即取以为用；即但有相近之声者，亦即勉强用之。《释文叙录》引郑玄曰："其始书之也，仓卒无其字，或比方假借为之，趣于近之而已。"卫恒亦谓"数言同字，其声虽异，文意一也"是也。然亦有既经假借，后来音变者。如《说文》样有重文像，可见樣、像二字，古为同音，古人所谓像者，即今人所谓样。然《广韵》别有揉字，以为式㨾；今人亦别借様字；此即因假借之后，像字之音变迁故也。夫像字则改借様字矣，此类音已变，而借字未改者何限？在今日观之，则以为不合；当其借之之时，固未尝不合也。

以上皆论声借。至于形借，则惟古代有之。《说文》止下云："象草木出有址，故以止为足。"正从一从止，而古文从一足，说曰："足亦止也。"止足异义，古人亦不应混淆而如此者，盖文字未代表语言之时，非以象形，即以示意，二者皆不能多，故不得不如此也。其时盖习以一形而示多义，实无所谓借。此在简陋之世，偷可用也；人事稍繁，分别较细，非惟虞其混淆，亦必不能达意矣，故后遂绝迹也。

假借之字，必其义相去较远乃可，近则有混淆之虞。如《说文》艸部：萩，萧也。木部：楸，梓也。《左氏》《史》《汉》"及秦周伐雍门之萩"，"淮北、常山已南、河济之间千树萩"，皆借萩为楸，遂不免于混淆。若其义之远者，假策为册，人必不误简策为马棰也。译外国人、地名不宜似中国人、地名，理亦同此。小徐顾谓"智者据义而借，浅者远而假之"，可谓翻其反而矣，盖由未知引伸、假借之别也。

假借所以求字之简，故凡不虞其混淆者皆借焉；即别造之，终亦必废，如祡、禷诸字是也。或问：如是，则高禖之禖字，何以独存？应之曰：此由《戴记》等书偶作禖，经典为后人所尊，不敢擅改故。且高、禖二字，后世文字中用之者甚少；苟其及之，必通知古书之人也，自无不能作禖者矣。若使高禖亦如司命、井、灶诸神，为比户所尊，公私文字，行用者废，亦未必不改作媒也。《说文》："祕，神也。閟，闭门也。"二字音同义远，实可用假借之例，省去一字，故后世所谓祕密之祕，由閟字引伸者，亦遂作祕；然閟字亦得不废者，以《诗》"閟宫有侐"，借閟为祕也。此理与祺、媒二字之并存同，亦见后论文字孳乳、淘汰。此实音义皆同字之例耳，见后。

假借古多而后世少：（一）由古人之分别，不及后世之细。（二）由后世事物，繁于古人；若其用字仍如古人之但取其声，势将无以为别。（三）则古代文字去语言近，而后世远。言文相去近者，目击焉而不解，入于耳而即通；相去远者则不能耳治，专恃目治，纸上更无以为别，势必紊丝难理矣。此自今古异宜。以今议古非；生今反古，而自以为雅，亦未是也。

然假借之例，行于后世者仍不少。如邱，地名，今以为讳孔子名之"丘"字。洋，水名，今以为海洋字。瞒，平目也，今以为面谩之谩。怕，无为也，今以为畏惧之词。瘵，病也；痨，朝鲜谓药毒，今皆以为肺结核病之名。凡若此者，一言蔽之曰，省去一字而已。夫瞒，后世无其语，可废也。谩，后世犹有其语，不可废也，以瞒为曹操之名，不能废，乃废谩字而以瞒代之。假借之巧如此。因假借以淘汰无用之字，其严如此。参看后论文字之孳乳、淘汰。

又假借之字，至后世仍有变迁。如前所举样字，乃因音变而改焉者也。其缘于义者，如《说文》：适，之也；嫡，孎也；孎，谨也。用为适庶，均属借义。然古借适而后世借嫡者，古用字专主声，适字之用广于嫡，其字较熟；后世用字兼重义，用女旁之嫡，于适庶之义，较有关会也。

假借用字，虽不宜生今反古；然欲通知古训，则此例必不可不知。王氏引之《经义述闻序》述其父之言曰："诂训之指，存乎声音。字之声同声近者，经传往往假借。学者以声求义，破其假借之字而读以本字，则涣然冰释；如其假借之字而强为之解，则诘籟为病矣。"予案古人分别粗，故其字简；后人分别细，故其字繁。当分别既细之后，示以分别尚粗之语，必不能解。改读假借之字为本字，不啻于少别之字，多为之立别云尔，此其所以易明也。

第九章

引　伸

　　有类乎假借而实不然者，时曰引伸。许说假借云："依声托事"，而其所举令、长二字，实为引伸之义。其所云"故以为""古以为"等，亦或属于引伸。故有以许所谓假借当今之引伸；别今所谓假借，谓之通假者。然古人思想粗略，所举之例，与界说不合，未容深求。至全书说假借处，有与界说不合者，则许书本博采而成，不出一手，不能以此驳彼也。三方矛盾，自以仍从界说为是。且撰造六书之说者之意，必以此为造字之六法。假借者，因固有之字以为字，实亦具造字之用；而引伸则字义之迁变，全与造字无关。说六书而求还古说之真，亦自以称用本不相干之字者为假借，由一义辗转迁变者为引伸为得也。

　　引伸者，字义之迁变，即语义之迁变。其根原，则在人观念之迁变。人之观念，本无一息而不变；亦无两人之观念，全然相同，特其别甚微，人不易觉耳。阅时既久而更回顾焉，则判若两义矣。夫观念之迁变，无一息之停；而语言为固定之物，势不能朝更暮改。积之久而其义渐殊，实为无可如何之事。以今义解古语，必不能合，即由于此。然语义之迁变，自有其一定之规则。能得其规则，则棼然淆乱之义，其中皆有线索可寻。如是，则可自源沿流，而用字便；亦可自流沂源，而读书便矣。此引伸一端，所以虽不在六书之内，而以实用论，则尤要于六书也。

引伸之例，今试略举之。如《说文》天下云："颠也，至高无上。"此指人身最高之处及苍苍在上者言之。人身最高之处，于全体居首；人生最要之事，于诸事中亦居首。食者，人所恃以生，固诸事之首也；苍苍在上者为人所仰望，人所恃以生之事，固亦其所仰望也，故引伸为"民以食为天"之天。又如笃，"马行迟也"。凡行迟者，足之著地必实，故引伸为笃实之义。若此者，看似绝不相干，而实由一义转变，与不相干而依声托事者，截然不同。此等意义之迁变，除尠少之字，无不有之。新义既生，旧义仍在。凡字之为用愈广者，其义即愈纷歧。欲通训诂，实以此为关键，不可不留意也。

或曰：子不谓许所说本义果系其字固有之义，而经典所用之义为后起；抑语义本不指实，造字者因无可著手，乃托之于实事实物未可定乎？今为此说，是自与前说相背也。应之曰：前说谓文字至孳乳浸多时，是否所指者尚必为实事实物，而玄虚之义，有待于后来之引伸，为可疑耳。如"天，颠也，至高无上"，此明指人身最高之处及苍苍在上者言之；安得谓造字之时，先有颠义，乃引伸为至高无上之义？抑先有至高无上之义，乃引伸为颠义乎？则亦孰能决"民以食为天"之天字之义，出于撰许书说解者之后邪？故以许书说解所举之义为真传之自古，早于他书所举之义则不可；至谓语义之发生，必先实事实物而后及于玄虚之字；樊然淆乱之义，必非同出于一时，则固无可疑也。

第十章

文字之孳乳

六书皆造字之法。其中象形为从无字时造字。指事、会意、形声，则既有字之后，即以字为材料而更造字。此二者，当其造字之时，其语皆已前具。转注者，既有字之后，一语化为多语，察其不能不更造，乃造一相类之字，与之并行。假借则既造字之后，又有新生之语，觉固有之字，可以借用，遂借焉而不更造；而此等可以不造之字，前此有已造者，亦据此理而洮汰之：既有造字之用，又有减省文字之功者也。然则字之孳乳浸多者，其理皆与转注通；而其洮汰减省者，其用皆与假借同矣。今故于论转注、假借之后，并申论之。

稍读字书之人，皆知自古迄今，音义相同之字甚多。此物也，浅而言之，则曰音义皆同耳。若深求之，则又可分为三种：（一）字之声旁相同，或同用一字，或虽不用一字，而两字之声相同。惟义旁为异，义则全无区别者。（二）两字声义相同，惟一有义旁，一无义旁。（三）两字亦一有义旁，一无义旁，然其义相类而仍微别。此三种中，惟第一种为真音义皆同字；第二种当名之曰累增字；第三种当名之曰分别文。真音义皆同字及累增字,大抵一存一废,与未尝有此字等;惟分别文于字之孳乳,大有关系。

分别文之所以作,王氏筠区为二例:(一)正义为借义所夺,加偏旁以别之者。如顷,"头不正也",引伸为凡不正之称。其义为顷亩、俄顷所夺,乃别作倾字,以表不正之义。阜部又有陑,则与倾为音义皆同字。新之本义为取木,其义为新旧之新所夺,乃别作薪字是也。(二)本字义多,加偏旁以分其一者。如公本兼公平、公侯二义,别造松字,只分其公平之义。曾下曰"词之舒也",会从曾省声,说曰"曾益也",与土部增之说解同;则增字之作,只分曾字"益也"之义是也。此种作用,可谓与假借正反。假借者,一语具两义,觉其不必造两字,而省去其一。此则一语具两义,觉其必别造字,乃增造其一者也。所以异于转注者,转注义同而声微别,此则声同而义有广狭之异也。

分别文之数极多。《说文》有一部数字,尽是分别文者,如句部三字,丩部二字是也。而出于《说文》之后者尤多,如《说文》只有雠,而今又造售;《说文》只有责,而今又造债;《说文》只有贾,而今又造价及估;《说文》只有意,而今又造臆及忆。皆新字既增,旧字不废,此皆因其不得不增而增焉者也。后人或以新增之字为俗,下笔务写古字;不知多字皆由一字孳乳,若执此等见解,则凡字之同衍一声者,皆但存其所取之声可矣,有是理乎?

又有本一字而后分为两者,此亦与字之孳乳有关。如《说文》本只犹字,今乃移易偏旁之位置而作猷;明日之昱,经典借翌为之，亦作翊；翼戴本当作翼，俗亦作翊，而不作翌，亦是此例。又偏旁相同，惟因位置之异而成两字者，古已有之，如唁訢、槀櫜、惆愚、衍洐是也。明字古文从日，秘书说日月为易，亦与兹例相符。然此系造字时即然，非一字后分为两也。《说文》本只句字，今乃小变其笔画之形状而作勾；《说文》旁雩、溪蹊、篖甌、帅帨、拓摭、育毓皆一字，而今皆分为两是也。又有一字化为多字者，如"亯象荐熟，因以为饪物之称，故又读普庚切；亯之义训荐神，诚意可通于神，故又读许庚切；其形，荐神作亨，亦作享；饪物作亨，亦作烹"。段氏说。沿其流则多歧，泝其源则是一，实亦分别文之例矣。

又有字形不变，然后世之义，全与古异者，此不啻旧字已废，复以新义起而用之，亦与字之孳乳有关者也。如《说文》诡，"责也"，而俗以为诡诈；证，"告也"，而俗以为证据；此不啻训责之诡，训告之证已废，而诡诈之诡、证据之证复生也，亦不啻造字也。此等字究系假借古字以为用，抑后人造字适与古合，殊难断言。大约字之通行本广者，必后人借用古字。其不甚通行者，则后人造字，字形适与古合也。

凡俗字，往往古已有之。如《说文》：矘，"目无精直视也"，此今之瞠字也。眙，"直视也"，此今之瞪字也。眕，"目有所恨而止也"，此今眼光钉牢之钉也。眑，"目冥远视也"，此今瞄准之瞄也。趾，"足剌趾也"，今喇叭字当如此作。此等语皆见存，而其字已废；然别有新字代之，则亦不啻未废矣。以上两例，于字虽无所增，而能使之不减。

文字孳乳，有一最要之例，时曰反训。盖知识日增，言语必随之而广。然言语非可凭空创造也,故有一新观念生,必先以之与旧观念相比附。其观念而相类也,则小变其音,以示顺承;其观念而不相类也,则亦小变其音以示违逆。逆顺之情虽异,而其语之必有所本则同。此各国文字,语尾所以有变化也。言语公例,为凡人类所莫能违,吾国岂能独外?故谓吾国语言语尾本无变化者,诬也。特其造字不纯主声,未由着之于文字耳。夫其发声既已变化而成两语,则其造字亦必别异之成两形,此固自然之理。然造字本属难事,故古人于声之相近者,往往即行借用,郑玄所谓"趣于近之"者是也。夫其义相顺承而同用一字者,自后人视之,不过谓古人之观念,不及后人之明晰耳。若其义实相反,而字亦从同,则自后人视之,有不胜其可异者矣。今试遐稽古训,则凡义之相近者,无论其为顺承、为违逆,而其声必皆相类。其中有已造两字者,亦有未造两字者。义相顺承而已造两字者,即所谓分别文;其未造两字者,则未有分别文以前,统括诸分别文之义之字也。义相违逆而已造两字者,就众所共知者言之,如卖买、授受之类皆是。《说文》什下云:"材十人也",此十倍之义;而《王制》"祭用数之仂",则什一之义,与卖买、授受之例正同。就古书所用之字观之,如《易·系辞传》:"爻也者,效此者也;象也者,像此者也。"《吕览·劝学篇》:"凡说者,兑之也,非说之也,今世之说者,多弗能兑而说之。"皆其分用两字者也。其未造两字者,求诸古书,实不胜枚举。姑就记忆所及,举其一二。如《说文》:"祀,祭无已也。"从已而训为无已,可知已含已及无已二义。达下云:"行不相遇也。"而通下云："达也。"可知达亦含通与不通二义。义如《说文》云："瞁，恨张目也。"而通俗文云："蹙额曰瞁。"《说文》庸下训庚曰："更事也。"而《小雅毛传》训庚曰续，亦皆义适相反。就古书所用之字求之，则如《孟子》曰"彻者，彻也"；《礼记·郊特牲》曰"亲之也者，亲之也"，皆其即作一字者也。郭注《尔雅》，谓"以徂为存，犹以乱为治，以曩为向，以故为今，此皆诂训义有反复旁通，美恶不嫌同名"，而恶知古人读之，音皆小异，初无同名之嫌哉？音义异而形仍一，一时偷可用也，久之必不免于混淆。《论衡·案书篇》曰："谶书云：董仲舒，乱我书。"读之者或为烦乱，或以为理，共一乱字，相去甚远，自汉人已患其如此矣。此等不便之处，必不容不施补救。补救之道维何？亦曰：将此等应造而未造之字，悉行补造而已。义相顺承而补造者，即分别文是，已述于前。义相违逆而补造者，一时虽难遍疏举；然观反训之例，古有今无，即知此等应补造之字，悉已造足。偶有未及补造者，则又以读破之法代之。读破之法，由来甚古。《颜氏家训》云："江南学士读《左传》，口相传述，自为凡例。军自败曰败，打破人军曰败。补败反。"案《公羊·庄二十八年》解诂云"伐人者为客，读伐长言之""见伐者为主，读伐短言之"，可知江南学士之凡例，原系汉儒所传。所谓读破，实即长言、短言之别耳。长言、短言，即吾国之语尾变化也。自有读破之法，则语尾变化，亦得著之于文字；不必造字，而已增出无数字矣。字亦有不待读破，仍不虑其混淆者，则虽造两字，后亦必亡其一，而其仅有读破之别者无论也。如

《说文》："坏，败也。""毁，毁也。"《尔雅释文》引《字林》："坏，自败也，下怪反。毁，毁也，公坏反。"二字音义皆微别，实与"军自败曰败，打破人军曰败"之例同。然今惟行一坏字，而败字之音，亦无有别其长短者；此缘后世语法改变，坏之之与自坏也，败人之与败于人也，自有他法可以立别，不恃声之短长，故仍洮汰之，以归简便也。

文字孳乳，又有一最要之例，时曰复音。复音者，对单音言之。单音以一音表一义，复音则以二音或多于二音者表一义也。复音字之区别，略有十二：（一）合双声之字而成，如夷犹、悒郁、参差、仿佛等是。（二）合叠韵之字而成，如玫瑰、蜉蝣、逍遥、窈窕等是。（三）本一字也，因双声而化为两，仍合为一，如能耐、做作是。（四）一音而析为两，如茨为蒺藜是。（五）重言，如桓桓、皇皇是。（六）加发语词，如阿父、句吴是。（七）合同类之词而成，如道路、宾客、刚强、欣悦等是。（八）合相类之物而成，如猫犬、木石、楮墨、衣食等是。（九）合对待之词而成，如男女、父子、东西、水火等是。（十）合分别之词而成，如歌谣、筵席等是。（十一）两字相属成义，如口津、眼泪、深谋、奇勇等是。（十二）外国语，如单于、拓跋等是。由（一）至（六），皆声音之变迁；由（七）至（十一），皆意境之变迁；（十二）则非我所固有也。

复音词有必两字连举，乃成一义，析之则其一字不复成义者，时曰连语。凡外国语皆然，本国语则以动植物之名为多，他种字亦偶有之。《说文》之例，于上一字举其名，兼释其义；下一字即紧承此字，而说解则但举其名。如玉部瑾、瑜二字相连，瑾下云"瑾瑜，美玉也"，瑜下云"瑾瑜也"是也。其一字系为此语特制，余字不然者，则数字不必相承；于特制之字之下，举其名并释其义；余字之下，即不复及。如珣下云"医无闾之珣玗琪"，玗琪二字不承珣，说解亦不及珣玗琪是也。此等复音词，似析之而其中之一字仍有义者，然"但云兰非芄兰，但云葵非凫葵"，则虽有义而已非此语之义矣，仍不害其为连语也。此种为真连语。近人或并第一至第五五种，悉以入之。然第一与第三，实系一事。特其化成两字较早，吾侪不能见其先有某一音，乃化出某一音者，则归诸第一种；而其化分较晚，吾侪今日，明见古能耐即一字，又明见先有作而后有做，则归诸第三种耳。两字既仍系一字，则但举一字，实亦足该两字之义。故夷犹虽可合为一语，而《庄子》"宋荣子犹然笑之"，意初无异于夷犹；悒郁虽可合为一语，而《孟子》"郁陶思君尔"，意亦无异于悒郁也。《礼记·内则》："炮，取豚若将，刲之刳之。""为稻粉，糔溲之以为酏。"《注》："刲刳，博异语也。""糔溲，亦博异语也。"《疏》："云刲刳博异语也者，案《易》云：士刲羊，又云：刳木为舟，意同而语异。""云糔溲亦博异语也者，亦者，亦上刲刳。"此即因一字已足尽意，而语调非重言不圆，故求之声同韵异之字。其实与重言无异。特重言则两字全同；此则下一字变其韵耳，故谓之博异语也。凡文中两字向系连用，而忽焉拆开者，皆同此理。如《老子》"恍兮忽兮""忽兮恍兮"是也。《左》昭廿五："鸜之鹆之。"《疏》曰："此鸟以两字为名，但谣辞必韵,故分言之。"案文法必衷于理,鹍鸰二字之分言,固以谣辞须韵故,然因协韵即可将复音词拆开,亦因复音字本属博异言之类,一字足摄两字之义也。至于叠韵之字,初非由一语变化而成,然亦古人单呼、累呼之例。单呼、累呼者,如《士冠礼注》:"韇藏策之器,今时藏弓矢者谓之韇丸。"韇即单呼,韇丸即累呼也。凡字皆可分声韵二部,急读之但得其声;缓读之则兼得其韵。此亦与一音析为两者同例。特其析较晚,吾侪犹及知之者,则以入第四种;其析较早,而吾侪不及知者,则以入第二种耳,亦非其一字遂无义也。而重言之本系一字,但重复言之者,不必论矣。故此等皆非真连语也。

复音词之两字,意义相同,但举其一,即足见两字之义者,昔人谓之复语。此实指第七种言;后人或并第八、第九、第十、第十一四种,悉以入之,此又非也。《尚书·无逸》:"自朝至于日中昃,不遑暇食。"《疏》曰:"遑亦暇也,重言之者,古人自有复语,犹曰艰难也。"《左》桓六年,"故奉牲以告曰:博硕肥腯,谓民力之普存也,谓其畜之硕大蕃滋也"。《疏》曰:"硕大、蕃滋,皆复语也。"宣三年曰:"载祀六百。"《疏》曰:"载祀皆年之别名,复言之耳。"成十三年曰:"殄灭我费滑。"《疏》曰:"春秋之时,更无费国,秦惟灭滑不灭费,知费即滑也,国都于费,国邑并举,以圆文耳。"又曰:"虔刘我边陲。"《疏》曰:"刘,杀,《释诂》文。《方言》曰:虔,杀也。重言杀者,亦圆文耳。"《后汉书·南匈奴传》:梁商言匈奴"种类繁炽,不可单尽"。《注》曰:"单,亦尽也,犹书曰谟谋,孔安国曰:

谟亦谋也。即是古书之重语。"此等皆古所谓复语也：非徒辞费，以语法论之，实近不通。然必如此者，言语由单音进为复音，欲以圆文，不得不然也。俞正燮《复语解》颇辩之，说殊牵强。见《癸巳类稿》。案上举诸例，皆明白无疑。惟费、滑一为国名，一为都城名，谓其重复，似不甚安。然古人于国名及都城名，初不甚别。《左氏》他处言滑，未有冠之以费者，故知此处之言费滑，意实相同也。《复语解》辩"不遑暇食"云："此句暇食连文，不遑连文，非遑暇连文。"辩"一熏一莸十年尚犹有臭"云："尚，且也。犹，如也，言十年且如有莸气未歇。十年尚连文，犹有臭连文，非尚犹复。"皆不合中国语法。如所言，"尚犹询兹黄发"，如何解邪？复语与文字孳乳，所关极大。今之词，几无非复语所成者，《墨子·贵义》："且主君亦尝闻汤之说乎？"孙氏诒让《间诂》曰："《战国策》《史记》载苏秦说六国君，齐、楚、魏、韩、燕诸王皆称秦为主君。《索隐》云：礼卿大夫称主，今嘉苏子合从诸侯，襃而美之，故称曰主君。案《左》昭二十九年，齐高张啍鲁昭公称主君；杜《注》云：比公于大夫然，此小司马所本。后《鲁问篇》墨子称鲁君亦曰主君。《战国·秦策》乐羊对魏文侯，《魏策》鲁君对梁惠王，亦并称主君，则战国时主君之称，盖通于上下。小司马据春秋时制，谓惟大夫称主，非也。"案此亦单音变为复音则然耳。名词如此造成者多，动词等亦然。盖正取同义之语连言之？可参看《古书疑义举例》"两字一义而误解""语词复用"两例。若第八种明系两物；第九、第十种，正取相对、相反为义；第十一种两字相属成义，删其一字，义即不全，皆非其伦也。

第六种加一发语词，绝无取义，只是多此一音耳。盖人当发语时，有一音已足达意，然非两音则语调不圆者，乃于有义之音之外，更加一无所取义之音，以谐其声。《士冠礼记》："毋追，夏后氏之道也。"《注》曰："毋，发声。"《疏》曰："在上谓之发声，在下谓之助句。"则此义也。古多称虞曰有虞氏。《祭法疏》引熊氏曰："虞氏云有者，以虞字文单，故以有字配之，无义例也。"《射义》："又使公罔之裘、序点扬觯而语，公罔之裘扬觯而语"云云。《注》曰："之，发声也。"《疏》曰："按经下云公罔裘，上云之裘，故知之是发声也。即裘为名矣。"然则"公罔之裘扬觯而语"句，之字盖衍？《释文》曰："公罔，人姓也。又作罔之裘。裘，名也，之语助。"盖此处或宜四字，或宜三字，故一加之字，一又去公字也。古人字亦一字，于其上加子若伯仲，下加父；名无此例，乃于其下加一助字，如赐也、参乎之类，盖亦此例。而单音字皆化为复音矣。欲求语调之圆者，如此等无义之词最善。然无义之词有限，且不能随处辄加，以用之自有定律故。乃不得已而取及同义之字，是即所谓复音。此其意亦在多取一音，然两义相同，不能指某一字系取其义，某一字系取其声，不得不析为两例。若其虽取有义之字，实于其义无取，亦是只取其声，则反复推校，不得不谓与加一发语词者同例矣。此例也，旧时谓之挟句。《周官·司巫》："若国大旱，则帅巫而舞雩。"《注》："郑司农云：鲁僖公欲焚巫尪，以其舞雩不得雨。"《疏》谓"尪不必舞雩。司农兼引尪者，挟句连引之"。方东树《汉学商兑》引此，谓《易》"润之以风雨""巽而耳目聪明"，皆是此例，其说是也。挟句，亦作夹句,《考工记》:"鲍人之事,望而视之,欲其荼白也。"《注》曰:"韦革,远视之当如茅莠之色。"《疏》曰:"此官主革不主韦,郑云韦革者,夹句而言耳。"又作浃句,《檀弓》:"邾娄复之以矢,盖自战于升陉始也。"《注》曰:"时师虽胜,死伤亦甚,无衣可以招魂。"《疏》曰:"招魂惟据死者,而郑兼言伤者?以浃句耳。"《周官疏》言之最多,盖时愈晚,用复音词愈多故?多作浃句,于义皆不甚晓。《螽斯》之《诗》曰:"宜尔子孙,振振兮!"《疏》曰:"此止说后妃不妒,众妾得生子众多,而言孙者?协句。"《伪泰誓》曰:"官人以世。"《伪传》曰:"官人不以贤才,而以父兄,所以政乱。"《疏》曰:"官人以世,惟当用其子耳,而《传》兼言兄者?以纣为恶,或当因兄用弟,故以兄协句耳。"《公羊》隐公九年:"侠卒。"《释文》:"侠卒音协。"《史记·十二诸侯年表》:"挟王室之义。"《索隐》曰:"挟音协。"协盖其本字,他皆借字耳。《诗·陟岵》:"上慎旃哉!"《疏》曰:"此旃与《采芩》舍旃,旃皆为足句,故训为之。"《左》昭十三年"郑伯男也。"《注》曰:"言郑国在甸服外,爵列伯子男。"《疏》曰:"郑伯男也,旧有多说。《周语》云:郑伯男也,王而卑之,是不尊贵也。王肃注此与彼,皆云郑伯爵,而连男言之,犹言曰公侯,足句辞也。杜用王说。"惟以字足之,故句调能协,亦即所谓圆文也。此例最足滋疑。《论语·乡党》曰:"沽酒、市脯不食。"《疏》曰:"酒当言饮,而亦云不食者?因脯而并言之耳。经传之文,此类多矣。《易·系辞》云:润之以风雨。《左传》曰:马、牛皆百匹。《玉藻》云:大夫不得造车马,皆从一而省文也。"案此与"郊，社之礼所以事上帝"同，实非省文，乃挟句也。《史记·刺客列传》豫让曰："士为知己者死，女为说己者容。今智伯知我，我必为报仇而死，以报智伯，则吾魂魄不愧矣。"魂知愧，魄不知愧也。此等虽若误解亦无害于义。然如重黎，《国语》《史记》等或以为一人，或以为二人，则滋疑矣。又有不知此例而生曲解者，如《史记·惠景间侯者年表》："清都侯驷钧，以齐哀王舅父侯，周阳侯赵兼以淮南厉王舅父侯。《索隐》曰：舅父即舅，犹姨曰姨母也。"此亦单音进为复音时之变。知此，则知称舅为舅氏，亦以此故，正不待多其辞说也。《史记》之文，《汉书》皆但作舅，盖钞书者节之。然非知此，于古书或难真解，《曲礼》曰："前有车骑，则戴飞鸿。"《疏》曰："古人不骑马，故经但记正典，无言骑者；今言骑者，当是周末时礼。"案谓古人不骑马非是，然礼言骑者确少；知挟句之例，则无憾矣。《曲礼》又曰："逮事父母，则讳王父母，不逮事父母，则不讳王父母。"《疏》曰："庾云：讳王父母之恩正应由父，所以连言母者，妇事舅姑，同事父母；且配夫为体，讳敬不殊。故幼无父而识母者，则可以讳王父母也。"《坊记》曰："《书》云：厥辟不辟，忝厥祖。"《注》曰："为君不君，与臣子相亵，则辱先祖矣。君父之道宜尊严。"《疏》曰："若为人父，不自尊严，而与卑下相渎，亦辱累其先祖，故郑《注》云：君父之道宜尊严也。此则因君见父耳。"《聘礼》曰："若有献，则曰某君之赐也。"《注》曰："其大夫出，反必献，忠孝也。"《疏》曰："事君言忠，事父言孝。此献君，忠也，而兼言孝者，忠臣出孝子之门，故连言孝也。"此等皆望而知为曲解；得挟句之例以释之，则涣然矣。然犹不止此。古书恒以父母并称，当父权昌炽之世，母之权安得与父并？如文释之，将使人昧于社会之情状。知父母并言，亦同挟句，则无此误矣。故读古书非明其义例，不能真解也。并将有误解以害事者，如朝无挞人之事，兵亦非可入朝之物；然《孟子》言"若挞之于市朝"，《檀弓》言"遇诸市朝，不反兵而斗"，不知朝为挟句连言，则将昧于制度矣，说见《日知录》"市朝"条。又如夫征止取田税，而郑《注》连言夫家之征，地之所出惟贡，而郑连言贡赋，则将坏取民之制，见《周官》闾师、载师疏。又如宫正但为官府次舍之版，而郑世农言为之版图，见《周官》宫正疏。革衣薪之俗者，但能为棺，而《易·系辞传》盖取节兼言椁，见《礼记·檀弓》有虞氏瓦棺《疏》，亦皆失事实之真。故不可不措意也。盖言语自单音进为复音颇难，故如此不尽善之法，亦不得已而用之耳。

　　挟句者不徒变一字为两字，即两字以上，亦有然者。《仲虺之诰》疏曰："《康诰》《召诰》之类，一字足以为文。仲虺诰三字不得成文，以之字足成其句。《毕命》《冏命》不言之，《微子之命》《文侯之命》言之与此同。犹《周礼》司服言大裘而冕，亦足句也。"《荡》之诗曰："曾是强御，曾是掊克，曾是在位，曾是在服。"《疏》曰："经之设文，须有足句，四言曾是，其义为一。"盖皆以圆文而已。韵文中之多词，即以此故，读《经传释词》可知也。又有省文以宛句者。《诗》"禴祠烝尝，于公先王。"《疏》曰："经于公上不言先者，以先王在公后，王尚言先，则公为先可知，故省文以宛句也。"其事与挟句相反，其意实同，亦以求圆文而已。又有连引辞句，无所取义者，如《周官·小祝》注引杜子春说，有"奠以素器，以主人有哀素之心也"句，《疏》谓"子春连引，于经无所当"是，盖由诵之习熟故如此。此与挟句、宛句等意在求圆文者不同，其有剩义则同也。挟句之例，用之甚广，可参看《古书疑义举例》"两事连类而并称""因此以及彼""两字对文而误解"三例。即今人亦有用之者，如单言妻字，语调不圆，乃改为妻子是。然此例惟不得已时可用；得已时实宜以他语代之，以免淆乱，如以妻子二字代一妻字，实不如用妻室二字之善也。

第八种合相类之物，第九种合对待之词，以成一语，意非并举相类相对之物，而在示相类相对之义。此于文字孳乳，所关亦大。宇宙间物，究极言之，固无不互有关系；然以恒情论之，固有绝无关系者。凡绝无关系之物，决不能连属而成词，以其别无新义也。若并举相类相对之词则不然。言猫犬者，意非谓有猫有犬，乃谓兽为人所豢；言木石者，意非谓有木有石，乃示物之无所知。然则言楮墨，犹云作书所须；言衣食，犹云资生所恃；言男女，则示生人形体之殊；言父子，即含嗣续相承义；言东西，意谓方位之不同；言水火，以见物性之相克，皆非徒举两事或两物审矣。相类、相对之物，皆有形迹可求；物之相类、相对，实惟人心所造，二者固不容并为一谈。知识浅陋之世，徒知有相类、相对之物，未知物有相类、相对之义；自只有相类、相对之物之名，而无示物相类、相对之义之语。知识日进，知各物之关系日深，则所以表其相类、相对之义之语，自不容无矣。故此两例，非徒将向所已有之语联而属之，实能将向所未达之义表而出之也。字虽犹是，义则新矣；故曰：与文字之孳乳，大有关系也。此例似人人所知，然古语失诂，亦有致误者，可参看《古书疑义举例》"两字以对文而误解"例。

第十种合分别之文以成词，亦于文字孳乳，所关甚大。天下事异中有同，同中有异；既有专名以别其同中之异，自应有公名以统其异中之同。知识浅陋之世，但知见一事即立一名，而于诸事异中之同，初未见及。夫且不知异中之有同，自不能有统合同异之公名矣。稍进，则知就一切事物，籀其异中之同，立以为类。于斯时也，则表示其类之通名亟焉。然其造之甚难，乃先以"对文则别、散文则通"之例济之。如灾祥对举，祥为善，灾为恶，而独举则祥亦为善恶之通称；饮食对举，各有所指，而散言则食亦兼饮是也。《士丧礼》："栉于箪。"《注》："箪，苇笥。"《疏》："《曲礼注》：圆曰箪，方曰笥，则是箪笥别；此注箪苇笥者举其类。"此亦对文则别、散文则通之例耳。《周官·屦人》注："复下曰舄，禅下曰屦。古人言屦，以通于复；今世言屦，以通于禅，俗易语反与？"则通名之义亦可有变迁，而仍不失其为通也。更进，乃能合分别之二文以为一语；而散文则通之单音语，亦皆变为复音语矣。

复音字之大略如此。除第六、第七两种外，无不于单字之外，别增新义者，非徒复其音便于口齿而已；其孳乳文字，为何如哉？吾国古代，单字所增甚多，至后世则甚少。即有所增，大抵古已有之，如前所举矓、眙等字是。又有暂行即废者，观今日字典中字，十有八九，皆不行用是也。誉中国字者，因谓其文法精妙，只此常用数千字而意无不达；诋中国字者，又谓其陈旧不适于用，皆非也。中国言语，久进为复音；故其文字所增者亦皆复音，单字如故也，复音字则所增多矣。此等情势，并非至后世始然。如《说文》："箽，洞箫也。"此乃为洞箫所作之专字。然王褒《洞箫赋》不单云洞，可知即用箽字，亦不能单作箽，而必兼作洞箫。此如今人为灯心造芯字，若作字书，自可训之曰灯心也；若作文字，岂可但书芯字乎？以此推之，则苷字说云"甘草"，用时亦必连书草字，不得但作苷字也。《古书疑义举例》"二字误为一字"例，可以参看。

吾因疑古代之字，有不止读一音者。段氏曰："古文廿仍读二十两字。秦碑小篆，则维廿六年，维廿九年，卅有七年，皆读一字，以合四言。至唐石经，二十皆作廿，三十皆作卅，则仍读为二十、三十矣。"予案《说文》"犙三岁牛""牭四岁牛""䭴马八岁"，亦未必但读一音也。何则？笔之于书，则见三、四、八之外又有牛马旁，可知为三岁、四岁之牛，八岁之马；若出之于口，仍止一参字、四字、八字之音，闻者且不知所指，而焉知其为牛，马之龄乎？然则"犖，白牛也"，"雔，鸟之白也"，"虎，虎声也"，"狺，犬吠声"，用之语言、文字，亦必云犖犖之牛，雔雔之马，虎声虎虎，犬吠狺狺，而不得但曰犖、曰雔、曰虎、曰狺审矣。此亦足证许说皆附会字形，非真能得字之本义，参看前论六书非古说处。《说文》廿下云："二十并也，古文省多。"卅下云："三十并也，古文省。"云"省多"，云"省"，明读之仍有两音；否则一音造一字，乃理之常，何云省也？

一字读两音，即是两形只写一字。书写笔画，诚可减省；然破一字一音之例，实觉不便，故后世遂废不行。近人顾有讥先民造字，既能合两形成复形字，何不表双音成复音词，谓蜩蛃当作蠣，鸥鹗当作鶌者。殊不知复音词增益无穷，而单音字则为数有限。何也？人所能发之声有限也。造字而以单音为主，使人所能发之声皆备，则复音字无论如何增益，皆可取固有之字以表之；欲通文字者，能识此数千字足矣，此何等简易？若随复音词之增而造字，则字必增至无穷；目前之识字既难，而阅时稍久之书，其字遂不可识。此何等繁重？夫谓教不识字之人使识字，拼音之字，便于今日之六书，固也。然人之识字，非徒识之而已也，将以读书。读书者必于字识之既熟，一目十行，乃觉其可乐，乃能间暇即取书读之；若必字字拼其音而读之，则其烦苦莫甚，非至万不得已时，又孰肯读书以自苦哉？识字诚为难事，言语国民所固晓。言文纵不一致，若能相近，则文法并不难。然其所难者在熟；识而不熟，亦与不识相去无几。谓以字母教人，使其略解拼法，便可用以读书，恐终子虚乌有之谈也。或谓造复音字虽无益识字，究可减省笔画；在今日人事繁迫之时，作字之工夫，亦宜计算也。殊不知文字贵与语言相合，另造拼音字无论矣；若仍用今日之字，并一为两，则所省之笔画无几，而一字一音纯一之例先破，岂非得不偿失？化学名别是一例，不能援改养气为氧，轻气为氢以为说也。

第十一章
文字之洮汰

反乎孳乳作用者，是为洮汰。其最著者，莫如音义皆同字之省。音义皆同字有两种：（一）两字声旁相同，义旁亦相类者。此必造字之时，各造其所造；不则既造之后，书写者改易其偏旁。《说文》中两部首之义相类者，部中此类字即最多，如口部有呐，言部又有讷；止部有踵，足部又有踵，彳部又有徸是也。文字虽非一人所造，然造者自必遵循众所共知之例。此其所以各造其所造，而自然相类也。此类两字之用全同，本可不必有两，故皆一存而一废。又其（一），则两字一有偏旁，一无偏旁。此必无偏旁者在前，有偏旁者在后，故王氏《说文释例》称为累增字。夫加偏旁而义异者，《释例》所谓分别文也。分别文之加偏旁，取其义之异也。若累增字，则既加偏旁，义仍不异，亦何取而增之哉？曰：此由古人作字好尚与今人不同。今人好简省，多取减画；古人尚茂密，转取多画耳，说见下。后世亦有此等字，然因造字之意不可见而增之，非徒取其多画也。如"喿，群鸟鸣也，从品在木上"，三口已见群鸣之意，然俗又加口作噪者，俗人视喿字只以为一声旁，不复见群鸣之意也。此例古亦有之，如告从牛而牿又加一牛；益从水而溢更加一水是，《释例》谓之累增之失。凡此等字，亦必一存一废。有先出者存者，如囗部因，手部㧢，《说文》皆训曰"就也"，㧢实因之累增字，今行因不行㧢。亦有后出者存者，如夂部复，"行故道也"，彳部復，"往来也"，二字音义实同，復为复之累增字，今行复不行復是也。大抵不加偏旁，无由见造字之意，或字体不方正、不便隶书者，如屰逆。皆后起者行，否则多先出者存也。

凡音义皆同字，无论其为累增、非累增，必皆仅存其一。其不然，则因后世之读音不同，如汕与姗是也。又不然，则因其一为专名，不可废，如吕膂之并存，以吕氏、大吕等不可作膂；察詧之并存，以萧詧不可作察；佗託之并存，以韩佗冑不可作託也。又不然，则因经典所用，不容擅改，如勁勍之并存，以《左氏》一用勍字；僖廿二年。奢愶之并存，以触奢不可改作愶，而《史记》"一府中皆愶伏"，《项羽本纪》。又不容改作奢也。前所举祿、媒二字即此例。凡此者，两字各有其用，实已与分别文无异。更不然，则因俗人作字，相类之义旁恒相乱，如詠咏并行，非俗人知《说文》詠字更有或体从口，乃其下笔，言旁、口旁，本不审谛耳。《说文》之所以有或体，盖亦或以此矣。

音义皆同字，即重文也，而许不言为重文。王氏《释例》，辑得四百四十三字。许氏瀚谓不无遗漏；以吾观之，则所失尚多，非直遗漏而已。王氏谓：同音同义之字，"类聚者有三种：一为无部可入之字，如云𠃌二字，不入雲部，即无复可隶之部也。一为偏旁相同之字，如祺之籀文禥，祀之或体禩，仍从示义，不得入他部也。一为声意不合之字，如臬之古文䯂，虽从囧从未两体明白，而不可入此两部，故附之臬下也"。此外则皆不然，盖恐竹帛移誊，易滋鱼豕，有部首定其字之半，即讹亦不过一半，故别隶之。非此之例而类聚者，皆出后人移并。举啸之籀文歗，《文选·啸赋》李《注》谓在欠部，唐初字书，不过《说文》《字林》为证，其说似辨矣。然许于此等字明言其相同者，不过与下云"此与予同"，布下云"与豕同"而已，外此则皆不及，欲谓许知之而不得也。然重文之数，如此其多，谓许皆不知之，似又不然。盖许书本博采而成，所采者以为重文，即许亦以为重文；所采者不以为重文，即许亦不以为重文也。此亦足为许书体例不能纯一之证。王氏谓"许君目为重文者，据当时仍合为一；不目为重文者，据当时已分为二"，此说甚通；殊不必更立前所述三例，求之深而反失之也。重文、非重文之说，亦不能画一。故有许书不以为重文，而他书以为重文者，如《说文》柝、欂为两字，而《玉篇》则以欂为柝之重文，盖各有所受之也。

单音字如此，复音字亦然。如踌躇二字，《说文》心部作懤箸，足部作蹢躅，《毛诗》作踟蹰，《广雅》作蹢躅，又作跢跦；今惟存踌躇用之心，踟蹰用之足，蹢躅取其平仄有异，余皆废矣。以此三者具分别文之用，而余则成音义皆同字也。

音义皆同字，本系重文；存其一废其一，犹未为洮汰作用之大者也。洮汰作用之大者，莫如将本有微别之字，亦洮汰之而只存其一。如《说文》"伍，相参伍也"；"什，相什保也"；"佰，相什佰也"，其义与五字、什字、百字，实有虚实之不同。然今什伍二字，因十人为什，五人为伍，及参伍之义而存；佰字惟俗人作之；相什佰之义，则竟作十百矣。又如聿下云"楚谓之聿"，笔下云"秦谓之笔"，则此二字之音，亦必微异；设无《说文》此二语，后人亦必谓聿、笔二字，音义全同矣。然则今所谓音义皆同字，诚为重文者固多，其实有微别者亦不少。而今皆一废一存者？古虽有别，至后世察其无用，则亦从而废之也。岂非淘汰作用之甚大者哉？

有等字，古人之加偏旁，本系有意立别，而后世仍去之，其理亦与此同。如《说文》人部之偰，《管子》之帝佸，皆因其为人名而加人旁。《说文》女部自娍至姆十八字，以其为女人字号，皆加女旁，此犹后世书英吉利为暎咭唎耳。然旋皆省去者，以其固不必有此别也。其当立别者，则亦相沿不废，如哔叽未尝省作毕几是也。哔叽之所以不能省者，以音译之名，宜于无义；而毕几则嫌于有义也。不当省者即不省，可见所废皆其当废者矣。此又见淘汰作用之审。盖文字迁变之道，阴行而为人所不知者，其当如此。此亦见文字不容以私意穿凿，妄为改变，而今吾欲云云者之无当也。

古人乏统一观念，遇一事一物，辄为专立一名。后人则不然，除不容不立专名者外，皆取公名加之专名而成一名。此于文字之淘汰，亦为用至大。近人论国语进化者，谓《说文》牛、羊、马诸部，皆以其雌雄、大小、毛色之别，多立之名；今则但曰雄牛、雌牛、大羊、小羊、白马、黑马而已。予案古以一植物而多立专名者，莫如荷华：已发曰夫容，未发曰菡萏，实曰莲，茎曰茄，叶曰荷，本曰蔤，根曰藕，虽有扶渠之总名，不以被之华叶等也。今则以荷为总名，除莲藕为果品仍存其专名外,余则但曰荷叶、荷花、荷蕊,荷梗、荷根,何等简易邪?要之识字实为难事,然阴行于文字间之变迁之例,于单字之可省者,皆必尽力省之;其有所增,则皆万不容已者也。文字自然变迁之例,其妙如此,安用私智穿凿者之吾欲云云邪?

当淘汰之字,终必归于淘汰而后已,不能以人力强起之也。《陈书·文学传》:庾持,"善字书。每属辞,好为奇字。文士亦以此讥之"。汉赋至后世,所以无人问津,即由于此;以私意造字者亦然,如武则天尝造新字,至后世,仍为人所识者,一瞾字而已,以此为专名,不能代以他字,余则皆不然也。

第十二章
文字之变迁

孳乳、洮汰二例，皆能使字增减者也。其有无关增减，而亦起变迁者，则许君所谓改易殊体者矣。

文字改易，亦分声、义两途：伎今作妓，儋今作担，以古之伎主于男，今之伎主于女；古言儋何者，从儋何之人着想，今言儋何者，从儋何之事著想，作事以手为主。此缘于义者也。前举适庶之适，古借适而后世借嫡，理与此同；特彼则异其借字，此则改易字形耳。棓今作棒，削今作剡，以今读音声、冒声，与古不同，此缘于声者也。《说文》形声字，正或体所从之声，有不在一韵部中者，盖亦由此。然无关声义，特由形变者亦多。

形变之甚，厥惟隶之于篆。治字学者所谓隶变也。此其条例，极为繁复，必别为专篇，乃能详之，今姑勿论。讲字学者多好攻隶变之失，此亦未必尽然。今之讲字学者，所见止于篆书。篆书得许氏说解，一若字字皆有其理。而隶书则无之；即有之，其不相合者，人皆谓篆先而隶后，亦必右篆而左隶。其实篆隶初即一物，古隶字体与篆之异，犹之篆、隶之自异，并无古近之可言。后世篆、隶分为二物，篆废而隶独行。篆体既废，自然无复变迁；即有讹变亦必甚少。而隶则变迁无已。此等变迁，诚出于篆书之后；其失篆书原意处，亦诚不少；然须知今所谓篆书，其不古实亦已甚，其失古代文字原意处，亦已不知凡几。他时古代文字，发见更多，据以校今日之篆书，恐其失古文原意处，正不下于隶变。而许书说解，异于后世陋儒，据隶书以索字原者，亦正相去无几也。开，古文作開。王氏筠曰："此字象以門去一，篆书变为開，断其一为两，直其門为丌，原意不可得见，《峄山碑》即如此，段氏遂曲说为开声矣。"

形变由来，其实甚早。《释例》举篆书偏旁改易原形者，其例有四：（一）为拆开字形，如衣部袞裹二十一字，皆分衣于上下；行部字无论会意、形声，无不将彳亍拆开；皕部五字，皕皆分居上下。又如皕部之奭，丝部之幽，及岁之从步，橐之从束是也。（二）为变其横直，如舛部之舝，变舛之左右相背为上下相背；艸部之斯，变艸之形为屮是也。（三）为割裂字体，如琼之或体瓗从旋省，水部又有淀，旋从㫃从疋，去方留定，与施从㫃也声，而今隶改迤为迱同是也。（四）为两借，如齌从示齊省声，二上属为齊，下属为示；罷从熊省声，能上属为罷，下属为熊是也。此等皆无义可说。王氏谓："建首五百四十字，他部从之而变其本形者，大率取匹配整齐，无他意，其在本部亦然。"其说殊允。盖造字之意，此时已不复存，特取笔画累积，构成字形，故其变迁如此也。又有所谓体同而音义异者，除前所举枣棘等以重并为别外，《三国志·任峻传注》引《文士传》曰：棗只"本姓棘，先人避难易为棗"。此非文字变迁之公例，然亦一特例也，亦与字形有关。又有三例：（一）

如人部伐，戈部戍，同云从人持戈，特以人字位置不同而成异字。（二）如本、末、朱皆从木一，天立皆从大一，特以一之位置不同而成异字。（三）如尹、丑皆从又从丨，特以丨之长短不同而成异字是也。又有两字同从一字，而一从其全，一从其省者，如枭从鸟在木上，㯽蔦之或体。从木鸟声；葰从侵声，荽从侵省声；纵从从声，纵从从省声是也。又有偏旁随意改易者，则刀力之讹，勮剧、勉尅、劫刦等。日白之异，晖、皓、旳，《说文》皆从日。草竹之淆如荅相承作答。《说文》竹部：籓，一曰蔽也；草部：藩，屏也；尸部：屏，蔽也；则籓下一曰之义，即藩字之义，草竹互讹，由来旧矣。皆是。作字必求简易。故如龥（龥）、邋（邋）二字，后世无作之者。虫、䖵、蟲同字，而《说文》蟲部只五字；丝部字少，糸部字多；彌部字重文最多，要皆画少者行。然亦有画多转行者，盖今人作字求速，古人则但求美观；而其所谓美观者，则不取疏而取密，故有时转尚多画。中之作𠔿，兵（兵）、从艹持斤。聿（聿）、聿从又持巾，聿从聿一，实一字。㯃（漆）古文梁。之加画，林、比之古文。㕚之古文。之加两画，王氏筠谓皆但取文饰，别无他意。艱不从难而从蘽声，惧不从眀而从瞿声；臾为蕢之本字，更造蕢字，不作萈而从从臾得声之蕢，理亦同此。此籀文所以较古文为繁，小篆又颇省大篆欤？或，"邦也，从囗、从戈；戈以守一；一，地也"，于义已备。或体域又加以土，已无取矣。犹可曰：或造字之意，已不可见，改为域，乃改合体象形为形声也。乃如韭部蘸字，次弟皆声。甚至如《彰长田君碑》"讨譈畔夷"之譈，《汉隶字原》谓即譈字，则两体皆属声旁矣。两体皆属声旁，犹一音而写两声借字，于义何取？此等皆不衷理者，然不能谓非改易殊体之一途也。

字既以形为主，形之不便于用者自必改之；然亦有改之不尽者。如日与曰、干与于、戌与戍，终觉易于混淆是也。篆书玉字无点，加点者义为朽玉，后世玉亦加点，乃移朽玉字之点于上以别之，此则几无人用之矣。

字之改易殊体，乃事势之自然，莫之能御也。然众心之向背，不能尽同，虽终归于画一，而其改易初不能同时，遂有所谓正俗之分焉。《容斋三笔》云"书字有俗体一律，不可复改者，如冲、凉、况、减、决五字，悉以水为冫，虽士人札翰亦然。《玉篇》正收入于水部，而冫部之末亦存之，而皆注云俗，乃知由来久矣"，即其事也。此等徒改易偏旁者，淆乱尚小；又其甚者，则为随意改易字形。此风以六朝为最甚。凌霞赵扝叔《六朝别字记序》云："六朝碑版，点画偏旁，随意增损，怪诞纰缪，触目皆然。即如造象之中，区躯二字，厥状甚伙：王妙晖造象作匤，僧资造象作匡，赵阿欢造象作軀，天和四年造象作𠚤，纪僧谄造象作軆，清位信女杨造象作軀，元宁造象作軀，路文助造象作軀，曹续生造象作軀，郭于猛造象作軀。聊举其一，以列其余，则其变态不穷可知矣。至唐崔怀俭造象，则又作匤；是乃沿波逐流，变之又变者也。"字既只论其形，此等尚可知为何字者，似亦尚无大碍。然积之久，终必至棼丝难理而后已；故又有分别正俗，厘正字体之举，以杀其势也。

厘正字体之事，亦自古有之。许《序》言吏民上书，或不正,辄举劾,即是。《续书·百官志》引《汉官仪》,言丞相辟召,刺史、二千石察举,有非其人,书疏不端正,有司奏罪名,并正举者,亦其事也。石建为郎中令,奏事下,建读之,惊恐曰:书马者与尾而五,今乃四,不足一,获谴死矣。固由其恭敬举无与比,亦可见当时奏事,书法不容不正。《魏书·刘仁之传》:"性好文字,吏书失体,便加鞭挞。"《北史·乐运传》:舆梓诣朝堂陈周宣帝八失,其七曰"近见有诏:上书字误者,即科其罪"。亦必固有此等法,暴君酷吏,乃得因之而加虐也。《魏书·世祖纪》:始光二年,"初造新字千余。诏曰:昔在帝轩,创制造物。乃命仓颉,因鸟兽之迹,以立文字。自兹以降,随时改作,故篆、隶、草、楷,并行于世。然经历久远,传习多失其真。故今文体错谬,会义不惬,非所以示轨则于来世也。孔子曰:名不正则事不成,此之谓矣。今制定文字,世所用者,颁下远近,永为楷式"。玩诏文,所谓造新字者,实乃厘正字体耳。《袁式传》:"式沈静乐道,周览书传,至于诂训、《仓》《雅》,偏所留怀,作《字释》未就。"《周书·艺术传》:黎季明"从祖广,太武时为尚书郎,善古学,尝从吏部尚书清河崔玄伯受字义,又从司徒崔浩学楷篆。自是家传其法,季明亦传习之,颇与许氏有异"。又赵文深,"太祖以隶书纰缪,命文深与黎季明、沈遐等依《说文》及《字林》,刊定六体,成一万余言,行于世"。此与求撰集古今文字之江式,皆有意于厘正字体者也。正俗字亦各有其用。唐颜元孙作《干禄字书》,分字为俗、通、正三体。其序言:"所谓俗者,例皆浅近,惟籍帐、文案、券契、药方，非涉雅言，用亦无爽；所谓通者，相承久远，可以施表奏、笺启、尺牍、判状，所谓正者，可以施著述、文章、对策、碑碣。"此种分别，今日尚然。盖字之初出，不免群视为俗；然其字不能不用，则习用焉而遂进于通；其积古相传之字，则称之为正。此虽若无谓，然实有节制改易，使其不至过速之用也。

林罕《字源偏旁小说序》曰："篆隶有笔力遒健，字势研丽。斯乃意巧之人，临文改易，或参差之、长短之、屈曲之、拗戾之，务于奇怪，以媚一时。后习之人，性有利钝，致与原篆隶不同，盖病由此起。今之学者，但能明知八法，洞晓六书，道理既全，体格自实，亦何必踵欧、虞、褚、柳之惑乱哉？"此等求美观而改易字形者，今人称为帖体，亦文字变迁之一端也。

改易字形，有出私意者。《三国志·魏书·文帝纪》：黄初元年，十二月，初营洛阳宫，戊午，幸洛阳。《注》引《魏略》曰："诏以汉火行也，火忌水，故洛去水而加隹；魏于行次为土，土，水之牡也，水得土而乃流，土得水而柔，故除隹加水，变雒为洛。"《通鉴》陈宣帝太建十三年，二月，周禅位于隋。《注》曰："隋主本袭封随公，故国号曰随，以周、齐、不遑宁处，故去辶作隋，以辶训走故也。"此等举动，可发一噱。然洛阳之作洛者，势难尽谓为晋后人所改；而隋、唐人金石文字，亦多随、隋二字通用，则文字固非法令之力，所能改易也。

附：说文解字文考

序 一

《说文解字叙》曰:"仓颉之初作书,盖依类象形,故谓之文。其后形声相益,即谓之字。文者,物象之本;字者,言孳乳而浸多也。"然则文犹衍声文字之字母,字犹其字母所构成之字矣。古代文字,于今可见者,独赖《说文》。然《说文》所载,虽多斯籀之遗,已非皇古之旧。此则观于埃及、巴比伦,苗、瑶、彝族诸族之文字而易明者也。《说文》中所谓独体字,实已非初造之文,盖多有合二三名而成者。而初文之可考者,或亦存于合体字中,不必其仍为独体也。故欲即《说文》以求初文,必将其字析为若干体而观之而后可,不能即其一字,而指之曰孰为初文,孰非初

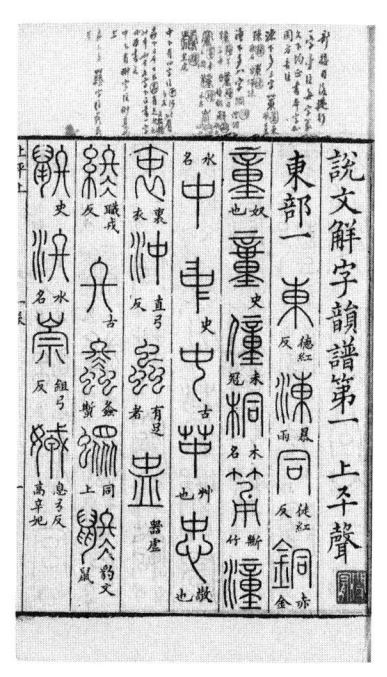

《说文解字》(汉许慎著)

文也。此理也，昔人亦有见及者，郑樵起一成文之说是也。近人沈兼士求字最小分子之说，实本于此，见《北京大学月刊》。顾初文乃独体，非独画。谓合体字必以独体为本则是，如郑氏所说衡为一，从为丨，邪丨为丿，反丿为乀，至乀而穷，乃折一而成乛，展转以至于口，则缪矣。思勉年十岁，先母程夫人始授以大徐本《说文解字》，时于故书雅记，十未窥一，读之不能终卷也。年十七，始识同邑丁桂徵先生。讳同绍。先生之妻，予母之从姊也。先生于学无不窥，而于经小学尤邃。石印小本，手自校勘，丹黄细书，识语遍其上，如是者殆一簏。有质以一字者，古今字书，随检即得，虽取怀而予者无其捷也。予以文字请益，先生始诏以近世浅薄之文不足效，欲求学问，必多读书；欲读古书，必先识字，勖以精研训诂，植为学之基。予既受教，乃取《段注说文》读之一过。自是三四年间，于小学之书，稍稍浏览。二十以后，好谭经世之学，考求历代典章制度，自度终不能为纯儒，于经小学又搁置之矣。方予读小学书时，信南海康氏新学伪经之说方笃，于许书辄喜加以攻击。观其所谓独体字者，实多合二三名而成；又其字多经转变，非复依类象形之旧也，则摘而出之，以为许书所谓古文者不足信之征。此外致疑许书及汉代古学，暨他有所见，随手记录者，积之久亦盈篋。既废斯业，久置不省。民国十二年秋，讲学于江苏省立第一师范学校之专修科，使学生之肄国文者皆读《段注说文解字》一过，匝岁而毕业，思为之略讲源流条例，乃取旧稿覆阅之，其浅陋可笑武断不足据者，盖十五六；而可采者亦十三四，乃就今日所见，加以补正。先论文字原起变迁，成

《中国文字变迁考》一卷。六书之说，昔以为汉代言古学者所伪造，今则以为当时研究小学者所立条例，其说至粗，然谓非吾国言文字学之先河，不可得也。然粗略之说，后人当加改正，今则举世奉为圭臬，莫敢携贰。即有知其不安者，亦止于弥缝匡救，而不敢改弦更张。此则为六书为《周官》保氏成法之说所误，以为积古旧说，莫敢置议。予于六书，谓非周代古说，则今昔所见相同也。略申鄙见，论今后立字例之条之所宜，为《字例略说》一卷。此篇即当时摘录许书中字，讥其不古，而攻古文为古学家所伪造者。由今思之，殊不其然。天下无彻底可以伪造之事，谓治古学者据古字以造古经，则有之矣；谓其欲造古经，先造古字，则不然也。详见《中国文字变迁考》。然谓古学家伪造古字非，而分析许书中字，以求斯籀以前之文象形之迹，则计亦良得矣。故亦写定为一卷，名之曰《说文解字文考》。文即"依类象形，故谓之文"之"文"，后来孳乳浸多时，用为形声以相益者也。少不自立，长无所成，追念昔者受教于慈闱暨丁先生之时，心滋戚矣。民国十四年夏节武进吕思勉自识。

序 二

《说文解字敘》曰:"仓颉之初作书,盖依类象形,故谓之文;其后形声相益,即谓之字。文者,物象之本。字者,言孳乳而浸多也。"然则欲考文字之原,必于文焉求之矣。字书之存于今者,以许氏之书为最古。然其中十九皆秦汉间字,早亦不越西周。欲求皇古之遗文,盖亦难矣。好古之士,不以此为已足,乃求诸金石遗器,其所得诚或出于许书以前,然师传久绝,以意识读,不能无误;又其器亦不能无伪,亦未可专恃也。窃谓文字变易虽多,实有迁流而无更制。许书所载,虽鲜皇古之文,然皇古之文,亦必有存于其中者,特迁流既久,非复元形。当析其字以求之,而不能执一字以求之耳。少尝从事于此,经乱遗佚,意外得之,不禁敝帚自珍之感,因复写为此篇。凡许书称为象形者,虽不足信,亦皆录之,以示矜慎。其许氏所未言,而今可信为依类象形之旧者,不论其犹为一名,抑或存于他字之中为一体,一一搜剔,依次排列,加以疏通证明。其不待说或不可说者阙焉,然不可说者盖亦寡矣。予于小学,肆力匪深,陈义自浅,尚幸当代通人,教而正之。

说文解字文考

一（一） 惟初大极，道立于一。造分天地，化成万物。

案一之为用最多，非必指数之始也。在《说文》中，惟白部：百（百）"十十也，从一白"，冓部：再（再），"一举而二也，从一冓省"，为一二之一。此外不部云：不（不），"鸟飞上翔不下来也。从一，一犹天"。雨部云：雨（雨），"水从云下也。一象天"。皆明以一为天。《春秋说题词》云："天之为言镇也，居高理下，为人经纬。故其立字，一大为天，以镇之也。"大象人形，则一亦犹天。上部丄（上）下云："此古文上。"下出上字云："篆文上。"而帝（帝）字下别出古文帝云："古文诸上字皆从一，篆文皆从二。"其说自相抵牾。据《周官·保氏》疏，篆文上、下二字，实皆从人。窃疑上乃篆文，丄、二皆古文，至帝、旁诸文，则古文皆作一画，篆文增为二画，本非从上。许君以据形系联，乃归之上部耳。所以作一画者，亦与天同意也。正部：正（正），"是也。从一，一以止"。正，古文正，从一足。足亦止也。儿部：兀（兀），"高而上平也。从一，在儿上"。丂部：丂（丂），"气欲舒出，勹上碍于一也"。亏部：亏（亏），"于也。象气之舒。亏从丂从一。一者其气平也"。水部：㴢（㴢），"幽㴢也。从一，覆也。覆土而有水，故湿也"。匸部：乚（匸），"衺徯有所侠藏也。从乚，上有一覆之"。虽不以为天，而以为在上，义亦与天近。而冖部：冂（冖），"覆也。从一下巫"。则又小变其形者也。屮部：屯（屯），"象艸木之初生，屯然而难。从屮贯一。一，地也"。才部：才（才），"草木之初也。丨上贯一。一，地也"。之部：之（之），"出也。象草过中，枝茎渐益大，有所之也。一者，地也"。旦部：旦（旦），"明也。从日见一上。一，地也"。韭部：韭（韭），"象形，在一之上。一，地也"。丘部：丘（丘），"土之高也。从北，从一。一，地也"。至部：至（至），"鸟飞从高下至地也。从一。一犹地也"。川部：巠（巠），"水脉也。从川，在一下。一，地也"。氐部：氐（氐），"至也。从氏下箸一。一，地也"。戈部：或（或），"邦也。从口，戈目守其一。一，地也"。且部：且（且），"荐也。从几，足有二横，一其下，地也"。皆明言一为地。耑部：耑（耑），"物初生之题也。上象生形，下象其根也"。不言一为地。然韭下云："此与耑同意。"则耑之中画，实象地也。宀部：宎（宎），"所安也。从宀之下，一之上"。冂部：冂（冂），"重覆也，从冂一"。立部：立（立），"住也。从大，在一之上"。七部：七（七），"阳之正也。从一微阴从中衺出也"。虽不言一为地，而其意系以一为地，亦可类推。三部：三

（三），"天地人之道也"。王部：王（王），"董仲舒曰：古之造文者，三画而连其中，谓之王。三者，天地人也，而参通之者，王也。孔子曰：一贯三为王"。亟部：亟（亟），"敏疾也。从人，从口，从又，从二。二，天地也"。五部：五（五），"五行也。从二，阴阳在天地间交午也"。皆以上一画为天，下一画为地。二部：恒（恒），"常也。从心舟在二之间上下。心以舟施恒也"。案此说甚迂曲。木部桓之古文亙，《韵会》引有"象舟竟两岸"五字，此字盖从心互声也。亘（亘），"求回也，从二从囘。囘古文回，象亘回之形，上下所求物也"。水部：渊（渊），"回水也。从水，象形。左右岸也。中象水皃"。开（开），"渊或省水"。川部州之古文州同意。畕部：畺（畺），"界也。从畕。三，其界画也"。画部：畫（畫），"界也。象田四界，聿所以画之"。皆以一为界画。齿部：齒（齿），"口，龂骨也。象口齿之形。止声"。凵为口字，∧∧象齿形，此字似合口及两∧∧而成。然齿不得居口外，则凵以象口，而两∧∧间之一，则用为界画，以示齿之有上下耳。十部：十（十），"数之具也。一为东西，丨为南北"。则又小变其意者也。音部：音（音），"从言含一"。甘部：甘（甘），"从口含一"。此但取口实之意。下文云："一，道也"，似凿，或后人所加。血部：血（血），"从皿，一象血形"。皀部：皀（皀），"谷之馨香也。象嘉谷在裹中之形。匕所以扱之。或说皀，一粒也"。亯部：亯（亯），"献也。从高省。曰象进孰物形"。豆部豆之古文㞢,与此同意。勺部:㔾(勺),"挹取也。象形,中有实,与包同意"。丂部:㐄(与),"赐予也,一勺为与"。窃疑一画见挹取之意,两画倍于一,有余则可以及人,因见赐予之义非从一从勺也。戊部:戌(戌),"五行土生于戊,盛于戌,从戊含一"。皆以一为中有实之义。许君于血部承以𠂆,则𠂆一初不甚别。即日部:日(日),"实也,太阳之精不亏。从○一象形"。○中著一,亦但见实之意耳。武后因古文⊙中画屈曲,造为囝字,误矣。干部:干(干),"犯也。从反入,从一"。羊(羊),"撖也。从干。入一为干,入二为羊,言稍甚也"。宋部:宋(宋),"止也。从宋盛而一横止之也"。巛部:巛(巛),"害也。从一雍川"。亡部:乍(乍),"止亡詞也。从亡一。一,有所碍也"。皆以一为阻碍之物。毋部:毋(毋),"止之也。从女,有奸之者"。义与相类。夊部:夊(夊),行迟曳夊夊,象人两胫有踹也。亦与此同意。毌部:毌(毌),"穿物持之也。从一横𠙹"。与玉中之丨同意。则以为贯物之义。夫部:夫(夫),"丈夫也,从大一。一以象簪"。义与毌类。木部:本(本),"木下曰本。从木,一在其下"。朱(朱),"赤心木。从木,一在其中"。末(末),"木上曰末。从木,一在其上"。则但取记识其处以示意。水部:水(水),"准也。北方之行。象众水并流,中有微阳之气也"。丙部:丙(丙),"位南方。万物成炳然。阴气初起,阳气将亏。从一入冂。一者,阳也"。此两字皆以一象阳，则意与卦画通矣。

㫄（旁）上部　溥也。从二。阙。方声。𣃘古文旁。𣃙亦古文旁。

小徐本阙字在"方声"下。案《说文》说解中阙字，有为许君原文者；亦有书简缺脱，后人校勘，依许君例书阙字者，辨别殊难。此处阙字在"方声"上，似许君原文；在"方声"下，则似后人校识。然要皆指𠂆言之也。门部：夬（央），"从大在冂之内。大，人也。央旁同意"。则𠂆亦冂之类，不得云阙。然许书本博采而成，各字说解，不必相顾，央字旧说，指夬为冂之类，而旁字旧说，谓𠂆阙不得其说解，亦理所可有，不能以此遂断阙字为后人所补也。

示（示）　天垂象，见吉凶，所以示人也。从二。三垂，日月星也。观乎天文，以察时变，示神事也。川古文示。

案小徐本古文作丌。中垂直，旁二垂分向左右，与篆文同。

三（三）　天地人之道也。从三数。

案二三及古文四，皆积画而成，然不可说二从两一，三从三一，四从四一；或三从一从二，四重二；或从一从三。何也？知以一画象一，则亦知以二画象二，三画象三，四画象四矣。故此等皆当认为独体之文。

王（王）　天下所归往也。董仲舒曰：古之造文者，三画而连其中，谓之王。三者，天地人也，而参通之者王也。孔子曰：一贯三为王。古古文王。

案王及玉皆合三横一直而成，然不可说为从三从丨者，文字非一人所造，造王字者自取一贯三之义，造玉字者自以三横象三玉之连，而以丨象其贯也。即造三字、丨字、王字、玉字者为一人，亦不害其造王字、玉字时，三横一直，别有取义也。合此及三字下说观之，可知起一成文等说之非。

又案文字之变迁甚多。凡今之作横若直者，其初未必即作横与直也。如玉字以三画象三玉，其初或系画三玉之形，后乃改为三画，亦未可知。如此，则起一成文之说，更不可通矣。

王（玉）　石之美，有五德：润泽以温，仁之方也；䚡理自外，可以知中，义之方也；其声舒扬，专以远闻，智之方也；不挠而折，勇之方也；锐廉而不忮，絜之方也。象三玉之连，丨其贯也。𠪚古文玉。

案古文增两画，或谓象佩玉之緌，亦不必然。因古人好纷饰，往往随意增画也。

气（气）　云气也。象形。

案𣢩（欠）下云："张口气悟也。象气从人上出之形。"与此同意。

丨（丨）　上下通也。引而上行读若囟。引而下行读若退。

案"上下通"者，既非引而上行，亦非引而下行也。本部中下云："从口，丨上下通。"㫃下云："旌旗杠皃。"以及王下之"一贯三"，玉下之"象三玉之连，丨其贯"，十下之"丨为南北"，巾下之"丨象系也"，皆是也。中下曰："象丨出形。"才下曰："丨上贯一。"盖引而上行之意。弓部引下云："开弓也，从弓丨。"盖引而下行之意，凡引弓者必内向曳其弦也。至京下曰："丨象高形"，则疑误，见后。

中（中）丨部　和也。从口，丨上下通。ф古文中。䇂籀文中。

　　案中字所从之口，似口非口，大小徐本皆同。段氏改作音围之口，窃谓皆非也。即"丨上下通"之说亦非。许书从卜中，用古文作冎，患古亦作𢖻。患下云："从心上贯叩。"然《春秋繁露》云："心止于一中者谓之忠，持二中者谓之患。"今许书忠亦从中，则从心上贯叩之说非。则中字实当作ф，以〇中之小画，指中点之所在也。或本作十，以形似十字而加口；或本作⊖，以与日字相乱而加丨；或古字镂空填实不分，由十而变为中，别有一体，则于其内又加一小画，皆未可知，要必非从口与丨矣。

屮（屮）　草木初生也。象丨出形，有枝茎也，古文或以为艸字。读若彻。

　　案艸乃屮之并文，并文多与单文同义，屮、艸实一字耳。《论衡》曰：草初生为屮，二屮为艸，三屮为芔，四屮为茻。岂音义皆小别邪？

　　又案象草木之形者，皆与屮类。㞢（之）、𡳿（出）、朩（朩）、木（木）、𡲰（生）、丰（丰）诸字，皆可说为从屮，而许不然者，象草木形即可作屮，不必其从屮也。此可见字有虽可析为两体，然仍当仞为独体者。

又案象草木之上见者作屮，象其下之根者则作朩，或作朩，木字及耑字之下半是。《周官》"作其鳞之而"。段氏谓"之谓上出，而谓下垂"是也。

屮为物上见者之象。叀（叀）下云："专，小谨也。从幺省。屮财见也。屮亦声。"豈（豈）下云："陈乐立而上见也。从屮豆。"本部：奏（奏），"奏进也。从夲，从廾，从屮，屮上进之义"。夲（夲）下云："进趣也。从大从十。大十，犹兼十人也。"说甚迂曲，疑十亦屮之变。许氏皆明言之。然则眉部：眉（眉），"视也。从眉省，从屮"，义亦当同。自部：皆（皆），"危高也。从自屮声"，亦未必专取其声矣。冂部：青（青），"帱帐之象。从冂、屮，其饰也"。厂部：严（严），"岸上见也。从厂，从之省"。亦不妨径说为从屮也。屮下一画，随意加之，以取茂美，如籀文兵、古文梁之例。

屮既取上见之义，故凡屋宇等高而可见之物，亦皆以是象之。亼部舍（舍）下云"屮象屋"是也。冂部：市（市），"从冂，从乀之省声"。至部：臺（臺），"从至从之，从高省"。其实亦皆从屮耳。

又动物之头角，亦可以屮象之。隹部雀（雀）下云："屮象其冠。"廌（廌）下云："似山牛一角。"鹿（鹿）下云："象头角四足之形。"内部离（离）下云："从禽头。从内从屮。"大徐曰："从屮义无所取。疑象形。"皆是也。

又女部妻亦从中。大徐说为"进也，齐之义也"，亦嫌迂曲。疑亦象其首饰也。

朮（芇）屮部　菌芇，地蕈，丛生田中。从屮，六声。𦫳籀文芇，从三芇。

案芇之下半，与篆文朮（六）字殊不似，恐系独体象形字。一为地，儿象其根，与禾耑等字同意。

𧲨（蕢）艸部　草器也。从艸贵声。臾（臾）古文蕢，象形。

案臾为古文蕢，又见贝部贵字及𦣻部𧱣字下。

𦾔（芻）艸部　刈草也，象包束草之形。

八（八）　别也。象分别相背之形。

按八之为义甚多。本部：尒（介）"畫之必然也。从丨八。八象气之分散"。

又只（只）下云："语巳䛐也。从口，象气下引之形。"兮（兮）下云："语所稽也。从丂。八象气越亏也。"皆以象气。鬻（鬻）下云："象孰饪五味，气上出也。"亦八之少变其形者耳。朩（木）下云："分枲茎皮也。从屮，八象枲之皮茎也。"有分别相背之意。宋（宋）下云："草木盛宋宋然。象形。八声。"盛亦有分散之意。肉部：胤（胤），"子孙相承续也。从八，象其长也"。案人部保（保）下云："从采省。采古文孚。"下有𠈃𠈃两古文。胤与𠈃同意，八直是𠔿之变。胤乃两手抱幺，𠈃则两手抱子耳。此则似八而非八者也。可知字形之变迁多矣。

米（采）　辨别也。象兽指爪分别也。𢍹古文采。

番（番）釆部　兽足谓之番。从釆，田象其掌。🐾古文番。

案🐾为最古之文。上象五指，中象其掌。略之则成釆，更略之则成 ⺎。而🐾之变，亦为田。加田于釆，则成番矣。其实重复也。

牛（牛）　大牲也。象角头三封尾之形。

案字有宜著纸平看者，如 𦥑（舁）训共举，乃象两人之手相向，非两手向上，两手向下是也。牛羊等字亦然。

又案牛之头角，亦以中为象，参看前中字下说。

牽（牵）牛部　引而前也。从牛。象引牛之縻也。玄声。

案引牛之縻谓 冂 也。叀部：叀（叀），"碍不行也，从叀引而止之也叀者。如叀马之鼻，从此与牵同意"。从此，段注补 冂 字，云："从 冂，此与牵同意。"是也。

牢（牢）牛部　闲养牛马圈也。从牛。冬省，取其四周帀也。

案 ᄇ 为古文冬，又见虫部蟲，龟部𪓷下。然既云四周帀，则不取冬义。冬省二字，恐系后人改窜。或许书本博采而成，其说不能一律邪？

口（口）　人所以言食也，象形。

按𠱠部：𠱠（𠱠），"众口也"。部中嚚、嚣、𠾅、嚚皆取人口为义。而器（器）下云："象器之口，犬所以守之。"又本部：兮（兮），"山间陷泥地。从口，从水败兒"。则又以口象沼泽之地。可知一形之所象者，不止一物矣。

君（君）口部　尊也。从尹发号，故从口。𠁁古文，象君坐形。

案又部🀰（尹）下云："治也。从又丿，握事者也。"说与君字篆文下说解类。后部云：后（后），"继体君也。象人之形"。说与君字古文下说解类。而其下又有十八字曰："施令以告四方，故厂之，从一口。发号者，君后也。"则又与君字篆文下说解类。段氏删此十八字，谓浅人所窜是也。君、尹初盖一字，义近相借，如止、足同字之例。一有口，一无口耳。此等随意增减笔墨，古人时有之，不足异也。后盖亦君之形变，作🀰作厂，均非其朔。其初当如古文，从𠂇及▽。▽非口字，乃象人所据之物，即石字所从之〇。许说荳（豆）字云："食肉器。"似以一象盖，⊓象器中空之处，⊥象其校及跗者。然古文作䇺，重⊙，特取繁复，无他义。则亦可作Ω，以一象地，以⊙象器也。兼象其实，作⊙，不兼象其实，自可作〇。则⊙亦可作Ω。豆有直立之义。人部：侸（侸），"立也。从人，豆声，读若树"。癶部：登（登），"上车也。从癶豆，象登车形"。此盖以豆为履石。更省去一画，则即以〇为履石矣。君字下体所从之▽，盖本当作〇，象其坐时所据。其上之𠂇，则象左右翼卫之形。故许说后字，亦云"象人之形"也。后及古文君下之说，盖旧说，知字形之本。尹及君字篆文下之说，则据既讹变之形耳。此亦可见许书系博采众说，未加删正也。

王氏筠《说文释例》曰："君之古文𢁥，《玉篇》不收。盖当依《博古图》宋夫人鼎盖作𢁥。𠃋即古尹字。以楷作之则形同，故顾氏不出也。尹之古文作𢁥，《玉篇》

作帬，似文本作🯄，小篆省之。中分🯄字即成🯃，小变🯃即成🯅。犹禽兕头本同，石鼓作凶，中分之而🯆作🯆，旁断之而禽作禽也。手有所治，故两手相交而作🯄。若🯃即拱字，有垂拱而治之意，不见为君难之意。一日二日万几，故上🯄下口，犹予手拮据，予口卒瘏也。握之古文🯇汗简作🯇，此🯄断为🯃之证。"案王氏论君字上体，当作🯄，而不当作🯃，未免于腐。然其论🯄🯃本一字，则甚确也。

🯈（局）口部　促也。从口在尺下，复局之。一曰：博所以行棋，象形。

凵（凵）　张口也。象形。

案此等减笔之字，许亦说为象形。后人或以为会意，误也。仍以说为象形为是，说见《字例略说》。

干部🯉（屰）下云："不顺也。从干下凵。"凶（凶）下云："象地穿交陷其中也。"并以凵为坎窞之义。犹谷字之口，象山闲陷泥地也。

單（罩）皿部　大也。从吅甲，吅亦声。阙。

案此乃箪之本字耳。与🯊芊等字同意。

止（止）　下基也。象草木出有址，故以止为足。

案疋（正）下云："从一，一以止。"而古文作🯋。又癸象人足，而籀文作🯌，皆止足同字之证。

彳（彳）　小步也。象人胫三属相连也。

案此文之初，当径作🯍，象人之股胫足也。然但画一支，不能见小步之义。盖当作🯎以为行字，后乃省行字之半，以为小步也。更引之即为长行矣。彳下云："长行也，从彳引之。"

(齿)　口断骨也。象凵齿之形。止声。古文齿字。

案古文齿字，盖当横看，象张口见齿形。篆文则以两∧∧象齿，而又加以口字耳。又（鼠）字许君说为象形，然其上半实类古文齿字，盖以其善啮，故从齿以见义耳。

(牙)　牡齿也，象上下相错之形。古文牙。

案古文下从古文齿，其上殊不象齿形。窃疑直是从互。篆文亦下半象齿形，而上从互省也。盖牙之象形字本仅作冂，以其不能见牡齿之义，乃加互声为形声字。凡古文，此等笔画最简之字，非废则改为多画之字矣。见《字例略说》。

(足)　人之足也。在下，从止口。

案从口不可解，此乃疋之变耳。

(疋)　足也，上象腓肠，下从止。《弟子职》曰：问疋何止。古文以为诗大疋字，亦以为足字，或曰胥字，一曰疋记也。

案此字乃止之异文。《管子·弟子职》云："问所何止。"说解元文当同，今本乃浅人所改耳。部中有䟽㕛二文，䟽（䟽）下云："门户、疏窗也。"㕛（㕛）下云："通也。"乃以囪爻象疏窗形，而从止以见义。疏通之义，实由门户疏窗引申也。厷部云："厷（厷），不顺忽出也，从到子。《易》曰：突如其来如，不孝子突出，不容于内也。㐫（㐫）或从到古文子。䟽（疏），通也，从㐬从疋，疋亦声。"此说大误。厷乃灶突之突之本字，㐬乃疏之本字。巛以象疏窗形，犹甂延之囱㐬，从厷犹其从疋，疏更益之以疋，则所谓累增字也。古文以为诗大疋字，与或曰胥字，即系一说，大疋即大胥，此乃胥字之省。疋记之疋亦同，与足也之训，非一字也。或乃以疋为雅字，则更缪以千里矣。

㗊（喦）品部　多言也。从品相连。《春秋传》曰：次于喦北。读与聂同。

案此恐是嵒字。下从山，上即石字所从之〇而三之也。以与聂同音，乃假为多言之字。后遂以多言为其本训，改象石形之〇为口，而以相连说山耳。聂训附耳私小语，口部：㖾（㖾），"聂语也"，与聂音义皆同。而得多言义者，多有大之义，所谓反训也。聂与呫双声。《史记·魏其武安侯列传》："乃效女儿呫嗫耳语。"《集解》："韦昭曰：呫嗫，附耳小语声。"与《说文》聂字义同。而《匈奴列传》："嗟土室之人，顾无多辞，令喋喋而占占。"即以多言为义可证。占占即呫嗫之呫，裴骃、颜师古皆谓衣裳貌，误也。

冊（册）　符命也，诸侯进受于王也，象其札一长一短，中有二编之形。笧古文册，从竹。

干（干）　犯也。从反入，从一。

案本部仅干屰两文。干（干）下云："撞也。从干。入一为干。入二为干言稍甚也。"屰（屰）下云："不顺也。从干下凵，逆之也。"窃疑干之本字当作𢆉，乃象形，非反入。如此乃可说干为入一，羊为入二也。芉乃就羊字曲其一画，以示不顺之意。此等改变笔画以成两字之例，《说文》多有之。见《字例略说》。

各（谷） 口上阿也。从口，上象其理。

案象口上阿而兼从口，与鼻之初文作自同，说见彼下。

囟（囟）谷部 舌皃，从谷省，象形。囟古文囟，读若"三年道服"之道。一曰竹上皮，读若沾。一曰读若誓。弼字从此。

案囟字既云象形，则非必从谷省。口岂可为象形乎？

舌（舌）下云："从干从口。"窃疑舌字之上半，未必从干。干形倒之，正与囟字之丁相似。舌囟两字，或小异其形，或直是到文，故说囟曰舌皃也。弼字从囟非声，义亦无取。疑弼字从此之囟，实非弜部之弼字，其所从者非弜而为彌部之弜，其字当入彌部，而说之曰：从囟彌省也。

只（只） 语已词也，从口象气下引之形。

案说见八字下。

丩（丩） 相纠缭也。一曰：瓜瓠结丩起。象形。

案此等皆屈曲其画以见意者，所谓"画成其物，随体诘屈"也。

丵（丵） 丛生草也。象丵岳相并出也。

業（业）丵部 大版也。所以饰县钟鼓，捷业如锯齿，以白画之，象其钮铻相承也。从丵从巾，巾象版。𣛼古文业。

案象丵岳相并出之形指业。

附：说文解字文考 / 183

𠬞（廾）　竦手也。从ナ，从又。𠂇扬雄说𠬞从两手。

　　王氏筠曰："𠬞盖拱之古文。"愚案古文共乃此字之叠文耳。王氏又曰："𠂇字似当作𠂇。"

𠬠（丮）　引也，从反𠬞。

𠔏（共）　同也。从廿廾，𢍘古文共。

　　王氏曰："共当云从古文之象。"

𦥑（舁）　共举也。从臼，从廾。

　　王氏曰："𢍘四手相交，共为一事之状。舁则两人共举一物，四手相向而不交。"又曰："𦥑非叉手，𠬞非拱手，𦥑之臂在后，指在前，𠬞亦然。"

𦥑（臼）　叉手也。从𦣞ヨ。

　　王氏曰："当云从到廾。拱揖者手平心，故廾手高于肘。臼则垂拱之象。故肘高于手。"

　　案ナ为反又，然不说为反又者，以左手自有其形也。然则竦手亦自有形可象，不必说为从ナ从又；𠬠亦自有其形可象，不必说为反𠬞矣。以此推之，以上诸文，皆当说为象形字。

𦥻（要）臼部　身中也。象人要自臼之形，从臼，交省声。𦥛古文要。

　　案段改篆作[268]云："各本篆作𦥻，从臼，下有'交省声'三字，浅人所妄改也。今依《玉篇》《九经字样》订。"然据小徐《祛妄篇》，则许于此字不言象形。以为象形，乃李阳冰之说也。

爨（爨）　齐谓之炊爨。臼象持甑。冂为灶口，廾推林内火。

184 / 中国文字小史

▨籀文爨省。

　　此所谓合体象形字。盖木也、廾又也、火也，皆固有此字。此字所从之林，只是两木，𦥑只是两手，不得说为平土之林，竦手之𦥑也。而一爨字中尽用之，必不能谓造爨字者，举不知有此诸字，而所造者适与之合也。然则造爨字者，只造␣以象持甑，冂以象灶口耳。然亦安知␣与冂，必为造爨字者所特造，而非借固有之字以为用邪？或谓爨盖䰞之累增字，又安知冂为造䰞字者所特造耶？初造字时笔画繁至如爨字者恐必无有，然则今《说文》中之字，其去初形也远矣。冂即鬲下体之变，冂所象亦多。见下。

　　"齐谓之炊爨"，段氏删"之"字。臼象持甑，段氏改臼为␣，是也。

革（革）　兽皮治去其毛革，更之，象古文革之形。革古文革，从卅。卅年为一世而道更也。臼声。

　　案此为从古文之象之例，详见《字例略说》。然此字说解甚可疑。皮部：皮（皮），"剥取兽革者谓之皮。从又，为省声"。古文作皮，籀文作皮。鬳（鬶）之古文𠒉，亦与之似。窃疑古文革系从臼从羊省，臼象治去其毛。皮，即披字。古文𠂇，亦从羊变。又象剥取其革，籀篆文其形变也。

鬲（鬲）　鼎属。实五觳，斗二升曰觳，象腹交文，三足。

　　案冖无所取义。石部䃯字，从鬲得声，其篆文作䃯，盖是。

𩰲（䰝）　䰛也。古文亦䰝字。象孰饪五味气上出也。

案弓弜别是一字。彌乃从弓及鬲耳。参看西字下说。

爪（爪） 丮也。覆手曰爪，象形。

爲（爲）爪部 母猴也。其为禽好爪，爪母猴象也，下腹为母猴形。王育曰：爪象形也。古文为，象两母猴相对形。

案爪为一字，又为一字。爪者覆手，则母猴象，乃之反对文，为则之累增字也。说字者不知此义，乃以为字之上体，即从覆手之爪，于是有"其为禽好爪，下腹为母猴形"之说。王育盖知之，故说之曰爪象形，谓为字上体之，即系象母猴形也。

丮（丮） 持也，象手有所丮据也。

鬥（鬥） 两士相对，兵杖在后，象斗之形。

段氏云："此非许语也。许之分部次弟，自云据形系联，丮丮在前部，故受之以斗。然则当云争也。两丮相对，象形，谓两人手持相对也。乃云两士相对，兵杖在后，与前部说自相戾。且文从两手，非两士也。此必他家异说，浅人取而窜改许书，虽《孝经音义》引之，未可信也。"案许书本博采而成，故其说解之例，不能画一。丮丮皆象有所持，所持者即兵杖；持之者手，手者士之手也。若谓此但象手而未及人，则ナ又等文，无一兼象人者，岂得谓非人之手邪？云在后者，后与斗为韵。此八字疑从有韵之文中采取，故说字形不能甚切，然要不足疑也。

又（又） 手也，象形。三指者，手之列多，略不过三也。

案叒部：叒（受），"物落上下相付也，从爪从又"。可见又为叉手,向上形,虽谓又为倒爪可也。

ㄢ（厷）又部　臂上也。从又,从古文厶。ㄟ古文厷,象形。

案厶乃古文中笔画最简之字。凡此类笔画最简之字,后多废绝。一以无以为别,一以古人作字好茂,尚多画也。见《字例略说》。

ㄹ（叉）又部　手指相错也。从又,象叉之形。

案此直是错字。

ㄋ（叉）又部　手足甲也。从又,象叉形。

案此字与爪同音,恐仍是爪之异文。彼象三指,此象五指也。

ㄅ（父）又部　矩也,家长率教者。从又举杖。

案此亦小变笔画之形状即成两字者。然从又举杖,说颇牵强。窃疑此字初形,当与子字类也。

ㄎ（夬）又部　分决也。从又,ヰ象决形。

小徐曰:"ⴲ物也,丨所以决之之器也。"

案先（先）下云:"首筓也。从人,ⴲ象簪形。"疑当作中象簪形,与ヰ一正一反也。

ㄋ（及）又部　逮也。从又从人。ㄟ古文及,秦刻石"及"如此。ㄋ亦古文及。

案第二古文乃从人与第一古文。然则第二古文乃第一古文之累增字也。篆文之ㄋ疑亦第一古文形变,非从又。亼部:今（今）,"是时也,从亼从ㄋ,ㄋ古文及"。其形与此第一古文相反。冂部:市（市）,"买卖所之也。从冂从ㄟ。ㄟ古文及。之省声"。亦与此第一古文小异。

反（反）又部　覆也，从又，厂反形。反古文反。

> 王氏筠云：《荀子·成相篇》"阪为先圣"，注：阪与反同。反先圣之所为。则反者阪之古文，古文反从厂，与巨亦相似。盖许君以从又难解，故但以反覆说之。愚案恐厂为阪之古文；反覆之反，则从又厂声耳。

叚（叚）又部　借也。阙。叚古文叚。叚谭长说叚如此。

> 案《袪妄篇》："《说文》从又从⇒巨阙。"则⇒巨并不能知其所象也。谭长说之叚，当依《玉篇》作叚。

友（友）又部　同志为友。从二又相交。友古文友。友亦古文友。

> 王氏筠曰：此初讹之形。焦山鼎友字，本形也。诚为二又相交矣。友乃二又，何交之云？顷见无名古器二：其一作友，断之也。其一作友，反文也。若据字形而以为从口，必不可通。故知许君说字，有周章者，乃流变既久，不见本形者也。

ナ（ナ）　ナ手也，象形。

> 王氏云："不云反又者，左手自有其形也。"

史（史）　记事者也。从又持中。中，正也。

> 案"中正也"三字，未知为许原文否？然要为妄说。中乃中之倒文，中即笔字，乃从又持笔耳。

聿（聿）　所以书也。楚谓之聿，吴谓之不律，燕谓之弗。从聿一声。

> 案此字乃合又、巾二文而成。其初盖作巾，象笔之形。累增而为聿，更累增而为笔。聿与史同为从又从巾，

然史之从又，有所取义；聿之又，则但为累增耳。

畫（画） 界也。象田四界，聿所以画之。畫古文画省。劃亦古文画。

案古文皆无凵，可见其为后加。连之则成囗矣。畺（畺）下云："界也，从畕，三其界画。"亦同意。

臣（臣） 牵也，事君也。象屈服之形。

案此字须横看实画一人伏形也。卧（卧）下云："伏也。从人。"臣取其伏也。

殳（殳） 以杸殊人也。礼，殳以积竹八觚，长丈二尺，建于兵车，旅贲以先驱。从又，几声。

段云："殳部古文役，杀部籀文杀，殳皆作。"则殳或从，非从几声，，或象八觚形欤？

几（几） 鸟之短羽，飞几几也。象形。

案本部彡（参）下云："新生羽而飞也。从几，从彡。"几为短羽，则彡象长毛也，参看彡下说。

寸（寸） 十分也。人手却一寸动脉，谓之寸口。从又从一。

案尺（尺）下云："十寸也。人手却十分动脉为寸口，十寸为尺。尺所以指尺规矩事也。从尸，从乙，乙所识也。"与此从一同。又矢部：躲（躲），从矢从身。篆文射射从寸，"寸，法度也。亦手也"。巢部：尃（尃），"倾覆也。从寸，曰覆之。寸，人手也"。见部：覒（覒），"取也。从见寸。寸，度之，亦手也"。皆以寸为手。

卜（卜） 灼剥龟也。象灸龟之形。一曰象龟兆之从衡也。卜古文卜。

卅（兆）卜部　灼龟坼也。从卜，兆象形。卅古文兆省。

案八部："))((〤)分也。从重八。八，别也，亦声。《孝经说》曰：故上下有别。"段删"八别也亦声"五字，曰："《广韵》兆治小切，引《说文》分也，此可证孙愐以前，))((即兆矣。又云：卦灼龟坼也，出《文字指归》。《文字指归》者，曹宪所作，此可证孙愐以前，卜部无兆卦字矣。顾野王《玉篇》八部有〤，兵列切，卜部之后出兆部；又云卦同兆。此可证顾氏始不谓))((即兆字矣。虞翻说《尚书》分北三苗云：北古别字，不知其所本，要与重八之))((无涉，岂希冯始牵合而歧误与？治《说文》者乃于卜部增卦为小篆，兆为古文；于))((下增之云八别也，亦声，兵列切，以证其非兆字，而《说文》之面目全非矣。"案卅，宋本作卅，今作卌，中画似又后人增之。

爻（爻）　交也。象易六爻头交也。

案本部之字为棥，《说解》曰："藩也。从爻林。"此交之义也。然叕部之尔，《说解》曰：其孔叕，与爽同意。爽下曰明也。则与㸚之从爻同，而非交义矣。网（网）下云："从冂，下象网交文。"凶（凶）下曰："象地穿交陷其中。"五下曰："阴阳在天地间交午。"古文作乂。皆有交意。

目（目）　人眼。象形，重童子也。古文目。

案玄应《一切经音义》引无"重童子也"四字，是也。目之初文当作⦿，象形。纵书则成㊀。变童子形为两画，即成今篆文之目矣。浅人不悟，疑〇中之画系童子，不应有二，乃妄沾此四字也。古文⦿上加𠆢入象眉，参看眉字。外又加〇象面。直从十目，古文作𢘓；省从眉省，古文作𥇖；𥄎即目，又目下古文之变也。

𥄎（𥄎）𥄎部　目围也。从𥄎。𠃌读若书卷之卷。古文以为醜字。

　　王氏筠云："𠃌字当作象形二字。"醜，小徐作𦑲。

𥃉（眉）　目上毛也。从目，象眉之形，上象额理也。

　　案𠆢象眉，𠃌则仍是目围耳。《说解》似以𠃌为眉。𠆢为额理，与𥄎下说自相矛盾。本部𥃉（省）："视也，从眉省，从中。"然则𥃉系一字，即古文之⦿。加𠆢以象眉形也。

盾（盾）　瞂也。所以捍身蔽目。象形。

　　案本部：𥃲（𥃲），"盾握也"。段曰："人所握处也。"然则厂象盾，十其握也。小徐本有"厂声"二字，非。

自（自）　鼻也。象鼻形。𦣹古文自。

𦣻（　）　此亦自字也。省自者词言之气从鼻出，与口相助也。

　　案𠆢象鼻形，自字加之以口，古文自更加两目，与画𠆢同。𦣻字加之以∪鼻则更加𢎗声。所以必加口者，以纯鼻不易象，图画变为文字，将与三合之△混故也。加之以口象鼻，故加之以∪象出气。𦣻部六字，其五为词，惟百则否。百之言白，今本《说文》："百十十也，从一白，数十百为一贯，相章也。"《韵会》："十百为一贯"上，多"十十为一百，百白也"八字，又"相章也"之相亦作贯。其实从白。许氏入之此部者，以古文百从自，其实古文特偶多一画耳。自系画口鼻形，将口字之画引长之，略成人面形则为👁；又加一围则成⦿；👁又加八即成臭矣。此等随意增画，意义实觉重复，然累增字皆如比。自本训鼻，其后变为自称之词，乃更造鼻字，此文字孳乳改易之迹也。尸部：𦠿（䑹），"卧息也"。犬部：臭（臭），"禽走臭而知其迹者，犬也"。辛部：辠（皋），"犯法也。从辛，从自，言罪人蹙鼻苦辛之忧"。自皆训鼻。

鼎（皋）自部　宀宀不见也。阙。

案宀部：窵（窵），"窵窵不见也。一曰窵窵不见省人"。此二字盖一字，与宀实亦一字也。冂与冂同，特少一点，篆文作画皆从中起，笔锋藏露偶有不同耳。⋂疑即重覆也之冂字。此字盖从自从穴从冂。《说解》云阙者，原文佚夺，校者依许例书之。抑或许书本博采而成，当时说皋字者，自不知其义也。

魯 白部　别事詞也。从白，声。，古文旅字。

案旅下作㫃，说云："古文以为鲁卫之鲁。"此字之形难说，当从盖阙。

羽（羽）　鸟长毛也。象形。

案几部：𦐄（㐱），"新生羽而飞也。从几从彡"。羽盖㐱之并文。

隹（隹）　鸟之短尾总名也。象形。

丫（艹）　羊角也。象形。

案此字盖省羊字之两画，以示羊角之意。若但以象角则无须下一直。萑部：雚（萑），"鸱属。从隹，从丫，有毛角"。首部𦣻（𦣻），"目不正也。从丫从目"。其艹皆无一直。今本或有之，则依部首书之耳。又难之古文𩁬，大徐从𠂉𠂉，与养之古文𦍋同，盖亦艹之变也。木部：朱（朱），"两刃臿也。从木丫，此一直疑亦后人所加。象形"。则凡相背者皆可以艹象之，不但羊角。

芇（芇）丫部　相当也。阙。读若宁。

案芇宁似即一字。《广韵》："今人谓赌物相折为芇。"即此所谓相当。宁取蒙之之意。凡蒙之者，必其物大小相当而后可也。从丫，明其为两物；物必有两，然后可以相当也。

羊（羊）　祥也。从丫，象头角足尾之形。孔子曰："牛羊之字，以形举也。"

案既云象头角足尾之形，则不得再云从丫，丫字乃略去羊字之四足耳。小徐作"象四足尾之形"，盖知其不合而改之。

芈（芈）羊部　羊鸣也。从羊，象气上出，与牟同意。

案《说文》象气之字甚多，此亦其一例也。篆文段本作芈，云："各本中笔直，今依《五经文字篆韵谱》正，气出不径直也。"

羌（羌）羊部　西戎牧羊人也。从人从羊，羊亦声。𦍌古文羌如此。

案古文羌字从ψ无取。羊性好群，ψ疑即羊之略，而又形讹，ΛΛ则象羊之多耳。参看古文乌下说。

鳥（鸟）　长尾禽总名也，象形，鸟之足似匕，从匕。

案此为《说文》明言相似之例。其是否许君原文不可知。然今《说文》中之部首及偏旁，非皆独体之文，则昔人似早见及之矣。

鳳 鸟部　神鸟也。从鸟凡声。朋 古文凤，象形。

案朋即彡之类。

烏（乌）　孝鸟也。象形。古文乌，象形。象古文乌省。

案乌字乃省鸟字之一画，此亦增减笔画，别成一字之例也。古文乌乃乌之四文。左方之，即篆文乌之。此可见乌鸟之ハ皆后加。右方之，则又去之一画。字之右方，则或省为一画，或省为两画矣。观之可作，则知之可作，故知字形之变迁多矣。

舄（舄）乌部　鹊也。象形。籀文舄，从隹昔。

案雒下云篆文，则知舄为古籀矣。

焉 乌部　焉鸟，黄色，出于江、淮，象形。凡字：朋者，羽虫之长；乌者，日中之禽；舄者，知太岁之所在；燕者，请子之候，作巢避戊己；所贵者，故皆象形。焉亦是也。

華（華）　箕属，所以推弃之器也。象形。

案率部：率（率），"捕鸟毕也。象丝罔，上下其竿柄也"。此字上体与之类，十亦其柄，与数之具之十不同。

畢（毕）華部　田罔也。从華，象毕形微也，或曰由声。

案"象毕形微也"，段改为象形二字。

鞲（韏） 弃除也。从廾推华，弃采也。官溥说：似米而非米者矢字。

冓（冓） 交积材也。象对交之形。

案此字当平看之，犹今画屋者作⌒形也。木部：**構**（构），"盖也。杜林以为椽桷字"。则冓正象下覆之形。

幺（幺） 小也。象子初生之形。

案子字金文有作ᛉ者，取其歧者连之，则成幺矣，非作两○也。叟部𢿨（叡）下曰："幺子相乱也。"可以参看。

叀（叀） 专小谨也。从幺省，屮财见也，屮亦声。𢆶古文叀。ᛘ亦古文叀。

案𢚘（寠）下云："碍不行也。从叀，引而止之也。叀者，如叀马之鼻，从此与牵同意。"王氏筠曰："今之穿牛及橐佗鼻者，穿鼻为孔，以大头木贯之而系之以绳。丨以象木之头也，○乃牛鼻，⌒则绳也。"

玄（玄） 幽远也，黑而有赤色者为玄。象幽而入覆之也。𢆯古文玄。

案"象幽而入覆之也"之入，当作入。幺乃小意，入覆之也。物小而又有覆之者，则难见，远者固难见也。古文无入，殊不见幽远之意。岂玄之初义，但谓难见，故但象其小邪？作两点乃随意加之，无取义。则幺玄初实一字矣。

㠯（予）　推予也。象相予之形。

歺（歺）　剡骨之残也。从半冎。ㅁ古文歺。

案他部偏旁皆作歺，如古文伊作𠈉，校此少一画。

殄（殄）歺部　尽也。从歺㐱声。ㄏ古文殄如此。

冎（冎）　剔人肉置其骨也。象形，头隆骨也。

案冂即甲字，冂即丙字，见后。骨（骨）下云："从冎有肉。"肉部冎（肎）下云："骨闲肉肎肎箸也。从肉冎省。一曰骨无肉也。"此为反训。窃疑冎为骨之省，骨未必从冎也。

肉（肉）　胾肉。象形。

案〇为轮廓，〇则象肉之理也。故日部昔（昔）下云："从残肉。"且部俎（俎）下云："从半肉。"

胃（胃）肉部　谷府也。从肉⊗象形。

案口为轮廓，※则象其有物，与甘字之从一同。

肩（肩）肉部　髆也。从肉象形。户俗肩从户。

案此象一支之形，若象两支，即成丙字矣。参看后丙字说。

赢（赢）肉部　或曰兽名。象形。阙。

案此字无所谓象形，《说解》盖有阙夺。段曰："象形二字，浅人所增。"是也。《集韵》引《说文》但有"兽名象形"四字。

肙（肙）肉部　小虫也。从肉，口声。一曰空也。

案《说文》另有训圆之〇字，此盖从之。大徐谓口音韦。谬也。说见〇下。

刀（刀）　兵也。象形。

　　案本部副之籀文𠛎，刃部剑之籀文从刀作𠜺，上出之笔皆曲。

刃（刃）　刀坚也。象刀有刃之形。

㓞（刅）刃部　伤也。从刃从一。

　　案丶盖象创。

丰（丯）　草蔡也。象草生之散乱也。

　　案又部：彗（慧），"扫竹也。从又持甡"。甡盖丯之并文。耒（耒）下云："手耕曲木也。从木推丯。"则似象其形，非指草也。参看丰字。

角（角）　兽角也。角形，角与刀鱼相似。

竹（竹）　冬生草也。象形。下垂者，箁箬也。

　　案古文从竹之字皆作𠂇，本部之𥳑、𥬇，冊部之篇皆然。

箮（箮）竹部　可以收绳也。从竹象形，中象人手所推握也。互箮或省。

　　案"可"当作"所"。中象人手所推握。可与盾字之十、巨字之彐参看。

箕（箕）　簸也。从竹，𠀠象形。下其丌也。𠀠古文箕省。𠷛亦古文箕。𠔋亦古文箕。𠔱籀文箕。𠤋籀文箕。

　　案𠀠为独体之文，其字加丌，箕字加竹及丌，𠷛似即𠔋之省而又倒，𠔋亦独体象形，𠔱为后加也。𠤋籀文匸字，凡器物皆可加。

丌（丌）　下基也。荐物之丌，象形。

工（工）　巧饰也。象人有规矩也。与巫同意。🙾古文工，从彡。

巨（巨）工部　规巨也。从工，象手持之。🙾古文巨。

巫（巫）　巫祝也。女能事无形，以舞降神者也。象人两褎舞形。与工同意。🙾古文巫。

甘（甘）　美也。从口含一。一，道也。

　　案从口含一之一当作·，象口实也。后人误为一，又加"一道也"。

曰（曰）　词也。从口，乙声。亦象口气出也。

曶（曶）曰部　出气词也。从曰，象气出形。《春秋传》曰：郑太子曶。🙾籀文曶。一曰佩也。象形。

　　案曰曶实一字。欠部：㰟（欯），"有所吹起。读若忽"。《甘泉赋》："翕赫曶霍。"此字盖出气声。言必出气，因以为发言之号。"一曰佩也"者，《史记》裴骃集解："郑曰：曶者，臣见君所秉，书思对命者也。君亦有焉。"盖假借也。许竹部无笏。《说文》象气之字甚多，云从乙声，非，许时不得有此误，或出后人沾注。

乃（乃）　曳词之难也。象气之出难也。🙾古文乃。🙾籀文乃。

丂（丂）　气欲舒出，勹上碍于一也。丂古文以为亏字，又以为巧字。

兮（兮）　语所稽也。从丂，八象气越亏也。

乎（乎）兮部　语之余也。从兮，象声上越扬之形也。

亏（亏）　于也。象气之舒，亏从丂从一。一者，其气平之也。

案一非一二之一，已见前。"其气平之"之字衍，《集韵》《韵会》引皆无。以上七字，皆曲直其画以象气。

豆（豆） 古食肉器也。从口，象形。𣆪古文豆。

案一象其盖，口以盛肉，作⊙则象其中有肉也，𧢲为镫校之形。《祭统》："夫人荐豆执校，执醴授之执镫。"注："校豆中央直者也，镫豆下跗也。"古文锴本作宜，亦象其镫校，《玉篇》亦作𣅣。

豐（豊） 行礼之器也。从豆，象形。

豐（豐） 豆之丰满者也。从豆象形。豐古文豐。

案《大射仪注》："豐，其为字从豆，曲声。"则豐为曲之累增字也。丰（丰）下云："草盛丰丰也。"与丰音义皆同。盖古文所从𢆶为其并文。则丰又增山，已为累增字矣。

虍（虍） 虎文也。象形。

案此与虎为一字。故豕部𧰧（豦）下云："豕虎之斗不相舍。"虎又加几耳。

虞（虡）虍部 钟鼓之柎也，饰为猛兽。从虍，異象其下足。

虞（虞）篆文虡省。

案象其下足，但指丌言。段改"異象其下足"五字为"𢍳象形，丌下足"。谓篆中体象猛兽，然饰为猛兽，似只为从虍张本也。

虎（虎） 山兽之君。从虍，虎足象人足，象形。虝古文虎。虤亦古文虎。

附：说文解字文考 / 199

案广虎及虎之二古文，皆不见象形之意，盖字形之变迁多矣。

㿻（皿）　饭食之用器也。象形。与豆同意。

凵（凵）　凵卢饭器。以柳为之。象形。

案匒下云："从凵，凵器也。"则亦指凡器。

血（血）　祭所荐牲血也。从皿，一象血形。

案此一象血形，则知甘字所含，亦必口实，而"一道也"之说为缪矣。

丶（丶）　有所绝止，丶而识之也。

案丶之为用亦甚多。主（主）下云："镫中火主。"丹（丹）下云："丶象丹形。"井（井）下云："䀁象。"金（金）下云："左右注，象金在土中形。"皀（皀）下云："象嘉谷在裹中之形。"皆以丶象一物。勺（勺）下云："象形，中有实。"此但以丶象物，而所象之物则不定。富与豆之古文亦盖此意。甘（甘）下云："从口含一。"血（血）下云："一象血形。"虽变丶为一，然许以丶承血下，则丶一之意亦相通也。即乀（又）字亦此意，但象有物错其间耳。其作多丶以象物者，如米字及雨字是。臼（臼）、㔾（㔾）等皆米之类，黍（黍）则雨之类也。用字及患字所从之中实作用（用），见中字下。乃作丶以定其所在，与本（本）、末（末）、朱（朱）、马（马）、犬（犬）诸文，意亦相通，皆见本字下。

主、部　镫中火主也。从主，象形。从丶，丶亦声。

案象形即指⊥言之，从⊥二字当删。

月（丹） 巴越之赤石也。象采丹井。⟩象丹形。㕣古文丹。彬亦古文丹。

案此字与井太相似，将无以为别，疑月但象受丹饰之物，非象井也。席之古文作囥，正是此意。说字者睹古文彬左旁作井，因以象采丹井说之。然彬字恐系从井从彡，与月字之造法不同也。或竟是彤字之异体。青（青）承丹下说曰："从生从丹。"青而从丹，殊不可解。乃又说之曰："木生火。"实属牵强。岂月但象受饰之物，中一画象其采，故丹青皆从之，而青字则加生以为别邪？

青（青） 东方色也，木生火，从生丹，丹青之信，言必然。𣎵古文青。

案此字中之·当与丹字中之⟩同意，而其余不可说，岂木字之变形邪？

井（井） 八家一井，象构韩形。·罋之象也。

皀（皀） 谷之馨香也。象嘉谷在裹中之形，匕所以扱之，或说皀一粒也。

案以𠚍为裹，与𠃜音包。相似。

鬯（鬯） 以秬酿郁草，芬芳攸服，以降神也。从凵。凵，器也。中象米，匕所以扱之。

案凵与凸卢之凸相似。象米不须作乂，此直是米字耳。参看彼说。

爵（爵） 鬯部 礼器也。象爵之形。中有鬯酒，又持之也。所以饮器象爵者，取其鸣节，节足足也。𩴊古文爵，象形。

△（亼） 三合也。从入一，象三合之形。

大徐曰："此疑只象形，非从入一也。"案《说文》非字而言从者甚多。谓非字不出于说解，必不可通。此本当作从∧一，后人误写∧为入，因并将一横亦误为字耳。云象三合形，本不须再言从∧一，然《说文》说解如此者亦多，因其书系博采而成，体例不能画一也。

舍（舍）亼部　市居曰舍。从亼。中，象屋也。囗象筑也。

案此字所从之亼，非取三合之义，乃是画屋顶耳。既以中象屋，而又加亼者，所谓累增也。囗象筑，与仓（仓）下云"囗象仓形"同，皆象其四周之墙也。参看门字下说。

仓（仓）　谷藏也。仓黄取而藏之，故谓之仓。从食省。囗象仓形。全奇字仓。

入（入）　内也。象从上俱下也。

案木部：橐（橐），"苴也。从木，入象形"。意与此类。

全（全）入部　完也。从入，从工。全篆文全从玉。纯玉曰全。仝古文全。

段氏云："下体未寀其所从。《汗简》作仝，《古文四声韵》载《王庶子碑》亦作仝，疑近是。"案段说是也。仝之形，他处皆未见。全之义为纯玉，此象奉持玉耳。

缶（缶）　瓦器，所以盛酒浆。秦人鼓之以节歌。象形。

匋（匋）缶部　瓦器也。从缶，包省声。案史篇读与缶同。

案史篇读与缶同，则此为缶之或字，段云：许书言案者二条，疑后人所羼入。然亦必见史篇者之语也。非今陶器之陶也。许书陶为再成丘。穴部有窯字。说云：烧瓦灶也。既非陶字，则非从包省声，◯岂象窯之形欤？

夰（矢） 弓弩矢也。从入，象镝栝羽之形。

案此乃象弓箭之形耳。其初盖当作𦍌。下歧为两笔画之变，抑取与午相避也。𦍌（午）下云："五月阴气午逆阳，冒地而出，此与矢同意。"可证。云从入，非。

𥎦（矦）矢部 春飨所射矦也。从人从厂，象张布，矢在其下。𠂇古文矦。

高（高） 崇也。象台观高之形。从冂口，与仓舍同意。

案⌒之形，有取其覆之意者。𤣥（玄）下云："象幽而入覆之。"亼（衣）下云"象覆二人之形"是也。凡覆下者必高。高及京字所从，皆取其高之义。

冂（冂） 邑外谓之郊，郊外谓之野，野外谓之林，林外谓之冂。象远界也。𦉢古文冂，从口。象国邑。

案部中𡗜（央）字下云："从大在冂之内。大，人也。央旁同意。"巾部𢁘（帚）下云："从又持巾埽冂内。"𠬪部𤔔（乱）下云："幺子相乱，𠬪治之也。"其冂皆但为界画之意，不指远界。又本部雀（雀）下云："高至也。从隹，上欲出冂。"则其所谓远者，又上下之远，而非彼此相距之远也。

凡作三画或作画围三面者，其义有三。人取其三合。冂从一下垂。取其覆下，牢字所从之⌒说见牢下。及冃冂诸文同之；即交覆深屋之宀，义亦与之近。冂则取为三面之界，爨字所从之冂，冤字所从之冂，义与之近。至牵䍙等字所从冂，则形似而意不同。㒳（舍）下云："〇象筑。"而所象之大小亦不定。舍、仓、高、亭、京等字皆仅象室，㐭亭等字则象城郭。或下曰："邦也。从口，从戈以守一。一，地也。"邑从水从邑，而籀文作巛，籀文好重复，去其复即成巛。亦此类。

亭（覃） 度也。民所度居也。从回，象城覃之重，两亭相对也。或但从口。

  段云：或上当出亭篆。

  案覃字所从之回象城郭之重，而㐭（亩）下云："从回，象屋形，中有户牗。"则其意又异。两亭相对指亭，则㐭即亭字。亭乃累增字也。㐬（克）下云："象屋下刻木之形。"亦以㐭为屋。高、㐭诸文盖同之。

京（京） 人所为绝高丘也。从高省，丨象高形。

  案人为高义，非但以丨象高也。说见高下。

亯（亯） 献也。从高省。曰象进孰物形。亭篆文亯。

畐（畐） 满也。从高省。象高厚之形。

  案㐭部啚（啚）下云："啬也，从口㐭。㐭，受也。"古文作畾。富畐声近。义亦相通。或即一字，则⊕⊕或皆充满之义也。

㐭（亩） 谷所振入也。宗庙粢盛，仓黄㐭而取之，故谓之㐭。从入，回，象屋形。中有户牗。

  案从入亦当作从△。

来（来） 周所受瑞麦来麰也。一来二缝，象其芒束之形。天所来也，故为行来之来。《诗》曰：诒我来麰。

案一来二缝，《思文正义》作"一麦二夆"，段改为"二麦一夆"。此字盖以"行来"为本义。凡赍人以物者，必使人来，故引伸为锡赍之赍。《说解》"天所来也"之"来"，乃赍之假借字，以此为本义，顾以行来之来为引伸义，失之。"诒我来麰"，《汉书·刘向传》作"饴我釐麰"，《文选典引注》引《韩诗》作"贻我嘉䅘"，即《毛传》亦曰："牟，麦也"，不曰"来牟麦"也，则来安得为麦名？《广雅》：䅘，小麦。麰，大麦。来牟二字，亦安得合为麦名？"天所来也"十六字与"一来二缝"十字，盖两说，而许并存之。后说初不以来为麦也。来之本字，盖从朩从𠂇𠂇，朩即高所从之𠂇。京所从之朩盖亦象屋宇，𠂇𠂇象两人也。若云来为麦义，则本部从之者，何以惟一䅘字，绝无麦义邪？至于麦字，则其上体本不从来。篆书啬字，从来从靣，而古文作𤲙。墙字籀文二：一从二禾，一从二来，则来者禾之变。**禾**（禾）下云："从木，从𠂇省。𠂇象其穗。"则不省者当作𥝢。𥝢省两𠂇𠂇，即成麦之上体矣。从夂不可解。或麦实来之累增字，训芒谷者当作䅘邪？

夂（夊） 行迟曳夊夊。象人两胫有所躧也。

案**夂**（夊）**夂**（夂）**夂**（夊）三文相类。夂字之𠂇，象物之两足，𠃍从后推之；夊则一推一曳；夂则从后灸之也。《曲礼》："行不举足，车轮曳踵。"注："车轮谓行不绝也。"疏："起前曳后，使踵如车轮曳地而行。"凡人之行迟者恒如此，故曳物之词引伸为人行迟之词，而许遂以🗡为象人两胫，其实不然也。《玉篇》引《诗》"雄狐夊夊"，今诗作绥，从妥声。妥拖音同，夊即今之拖字尔。古字一形固可以多所取象。物之足与人之足，今亦同谓之足。故以🗡为象两胫，说亦非不可通，特非其朔耳。本部𦥑（夒）下云："夊其手足。"𨠖（夔）下云："如龙一足。"夊为两足，而此云一足者，但取足义。为动物之足。𤰖（夏）下云："中国之人也，从夊从頁，从臼。臼两手，夊两足也。"几部，𠙽（处）下云："止也，从夊，得几而止。"则以为人足矣。𦥏（舛）下云："对卧也，从夊𰀁相背。"此亦人足。《王制》"雕题交趾"注所谓"卧则舛"也。口部：𠯐（各），"异䛐也，从口夊，夊者有行而止之不相听也"。人部：䈰（佫），"灾也，从人各，各者，相违也"。其义皆从舛来。土部坁之或体𣹟，从水从夊，则似夊之讹，谓可推而致之也。

夒（夒）夊部 𡇒盖也。象皮包覆𡇒，下有两臂，而夊在下。

夂（夊） 从后至也。象人两胫，后有致之者。

夂（夂） 从后灸之也。象人两胫，后有距也。《周礼》曰：久诸墙以观其桡。

　　案《考工记》：庐人，"灸诸墙以眂其桡之均也"。注："灸犹柱也。"

木（木） 冒也，冒地而生，东方之行。从中，下象其根。

　　案此亦全体象形，不必云从中，观下𣎵字可知。

木（本）木部　木下曰本，从木，一在其下。古文。

朱（朱）木部　赤心木，松柏属。从木，一在其中。

末（末）木部　木上曰末，从木，一在其上。

案此三字旧说多谓之指事，然实非也。见《字例略说》。

此三字盖后来之变，观古文本下象根株之形可知。朱末二字，其初亦未必但以一画为识矣。

果（果）木部　木实也。从木，象果形，在木之上。

案此所谓合体象形也。见《字例略说》。

朵（朵）木部　树木垂朵朵也。从木，象形。此与采同意。

橐（橐）木部　橐橐也。从木，入象形，明声。

枲（枲）木部　雨刃橐也。从木，屮象形。

案此两字亦可说为从入从屮，而许不然，可见其书体例不能画一也。

乐（乐）木部　五声八音总名。象鼓鞞木虡也。

櫱（櫱）木部　伐木余也。从木，獻声。古文櫱。

案等后人以为会意，非也。此当为象形之变。亦可为独体之文，见《字例略说》。

才（才）　草木之初也。从丨上贯一，将生枝叶。一地也。

小徐曰："上一初生歧枝也，下一地也。"

叒（叒）　日初出东方汤谷，所登榑桑，叒木也。象形。籀文。

王氏筠曰："石鼓文有字。盖叒本作。……若字盖亦作，即之重文。加口者，如卤字之象根形。是以《说文》之叒木，它书作若木，并非同音假借也。……盖汉人犹多作⊕。是以八分桑字作桒。……《集韵类篇》桑古作桒，并足征也。……《说文》收若于草部，从草右声，亦似误。"

屮（之）　出也。象草过中，枝茎益大，有所之。一者地也。

屮（出）　进也。象草木益滋，上出达也。

　　案中象凡草形。之字下加一画以象地，则得有所之义。此更旁加两画，则得益滋之义。兹下曰："草木多溢也。"

米（宋）　草木盛宋宋然。象形，八声。

生（生）　进也。象草木生出土上。

丰（丰）　草草盛丰丰也。从生，上下达也。

　　案以上诸文，皆不言从中，可见木下言从中者非矣。

乇（乇）　草叶也。从巫采，上田一，下有根，象形字。

巫（巫）　草木，叶巫。象形。𦐇古文。

禾（禾）　木之曲头，止不能上也。

　　案此三字皆曲直其画以象形。巫之初形盖作𠃌，𦐇及众皆后加也。

巢（巢）　鸟在木上曰巢，在穴曰窠。从木。象形。

　　案𵴿为鸟形，ϵ϶巢形也，可与于字参看。此等略形，后多变成点画，说字者多不得其解矣。

𣘻（桼）　木汁，可以鬃物。象形，桼如水滴而下也。

　　案此字之构造与雨相类。

囗（囗）　回也。象回帀之形。

  案此为方形，然古别有〇字，读如圆，即圆字也。曰下云"从〇"，此必非方形。圆（员）下云："从贝口声。"肉部㫾（肙）下曰："从肉口声。"亦必不能读为韦。员者，〇之累增字也。

⊙（回）口部 转也，从囗，中象回转之形。回古文。

  案必如古文，乃可云象回转之形。篆文则与亶亩所从之回同矣。此字以许例说之，当云象古文之形，不得云从口也。又部㕚（叟），"入水有所取也。从又，在回下"。回，"古文回。回，渊水也"。则造回字时，取象于水之回转。

圅（啬）口部 宫中道，从口，象宫垣道上之形。

  案口象宫垣，业象道，丫示高义，口即口，亦所谓累增字也。

貝（贝） 海介虫也。居陆名猋，在水名蜬，象形。

  案员之籀文作鼎，云："籀文从鼎。"鼎（鼎）下云："籀文以鼎为贞字。"窃疑贞乃贝字之讹。鼎鼎皆象贝形，实即贝字，说为员与鼎者误也。

日（日） 实也，太阳之精不亏。从〇一，象形。⊙古文象形。

  案此但示实之意耳。段云："盖象中有乌。"非。又案晶从三日。曐从晶生声。一曰象形。从〇，古〇复注中，故与日同。其古文作星。然则日初亦作〇，以有实义，故加注也。

㫃（㫃） 旌旗之游，㫃蹇之皃。从屮曲而下，垂㫃相出入也。读若偃。古人名㫃，字子游。𩰬古文㫃字。象形，及象旌旗之游。

案"象形及象旌旗之游"，语不可通。小徐本作"象旌旗之游及㫃之形"，是也。王氏筠曰："篆盖本作𩫏𩫎下云从旦㫃声，去旦即𩫏矣。旗杠曲，故曲其中。字形则与屯下云尾曲同。今篆盖传写者以隶改之。""石鼓文有𩫏𩫎二形，盖是也。"案笔画增减，古人初不甚拘。篆体盖亦有作𩫏者，增一画以取茂美耳。

𝒟（月） 阙也。太阴之精。象形。

案月无实义，而亦注中者，从日而变也。

囧（囧） 窗牖丽廔暗明也。象形。

夕（夕） 莫也。从月半见。

案此亦凵米之例。

毌（毌） 穿物持之也。从一横贯，象宝货之形。

丂（丂） 嘾也，草木之华未发函然。象形。

㽝（㽝）丂部 舌也。象形，舌体丂丂，从丂，丂亦声。

卤（卤） 草木实垂卤卤然。象形。

齐（齐） 禾麦吐穗上平也。象形。

朿（朿） 木芒也。象形。

片（片） 判木也，从半木。

案此亦凵米之例。

鼎（鼎） 三足两耳，和五味之宝器也。《易卦》巽木于下者为鼎，象析木以炊也。古文以贞为鼎，籀文以鼎为贞。

王氏筠曰："《韵会》引此文，其古文之上有'锴

210 / 中国文字小史

曰'二字，则二句出于小徐。"案此字似象贝形，说见贝下。

𠧻（克）　肩也。象屋下刻木之形。𠧼古文克。𡰀亦古文克。

𣏾（录）　刻木录录也。象形。

案《诗·云汉》"后稷不克"。《笺》："克当作刻。刻，识也。"刀部𠜻（剥）下云："裂也。从刀从录。录刻割也。录亦声"。似克、刻一字，录、剥亦一字。屋下刻木，盖如鲁庄公刻桓宫桷之类。𠆢象屋，⼎、𡰀并象刻文也。𡰀、𣏾二字极相似。𣏾之上体𠆢，疑𠙴之讹。𠙴者，舍之下体，𠧼之上体，亦象屋也。丨盖象橡桷之类，旁四画其刻文。𣏾字之𣏾，与𡰀字之𡰀同。⼎盖反尸而多一画。尸，象屋也。

𥝌（禾）　嘉谷也。二月始生，八月而孰，得时之中，故谓之禾。禾木也，木王而生，金王而死。从木，从𠂹省，𠂹象其穗。

米（米）　粟实也。象禾实之形。

案四点象米，与臼字同。十盖用为界画，犹卤之作※也。𥹦、𥻆等字，盖皆从米。

𦥑（臼）　舂也。古者掘地为臼，其后穿木石。象形，中米也。

凶（凶）　恶也，象地穿交陷其中也。

案臼凶所从之凵，皆与张口之凵形同而义异。乂所象亦甚多，见乂下。

木（木）　分枲茎皮也。从中，八象枲之皮茎也。

案此非八字，然亦有分之意。

木（尗）　豆也。象尗豆生之形也。

> 段曰："豆之生也，所种之豆必为两瓣而戴于茎之顶，故以一象地，下象其根，上象其戴生之形。"

耑（耑）　物初生之题也。上象生形，下象其根也。

韭（韭）　韭菜也。一种而久生者也，故谓之韭。象形，在一之上。一地也。此与耑同意。

瓜（瓜）　㼌也。象形。

宀（宀）　交覆深屋也。象形。

> 案寅（寅）下云："正月阳气动，去黄泉，欲上出，阴尚强，象宀不达髕寅于下也。"意与此近。

吕（吕）　脊骨也。象形。

疒（疒）　倚也。人有疾病，象倚箸之形。

> 案卜卜盖两人字，厂则所倚也。

冂（冖）　覆也。从一下巫。

> 说见冂下。

冃（冃）　重复也。从冂一。

> 案重复则当作冃，冪、寡二字或从此。

冃（冃）　小儿及蛮夷头衣也。从冂，二其饰也。

网（网）　再也。从冂阙。

> 案段据入部"从二入也，网从此"之文，改阙字为"从从"。又补"从丨"二字。案从下之"网从此"，未必非后人所沾注。网仍是冂下两人，而以一直为之界耳。

网（网）　庖牺氏所结绳以渔也。从冂，下象网交文。

襾（襾）　覆也。从冂，上下覆之。

案凵为倒冂，冂盖象交覆之形，所谓上下覆之也。此字构造之意，与菁颇近。上加一画，盖亦覆下之意。

巾（巾） 佩巾也。从冂，丨象系也。

案此丨之意，与玉字之丨相近。

席（席）巾部 藉也。从巾，庶省声。𰀃古文席，从石省。

段曰："下象形，上从石省声。"

帑（帑）巾部 金币所藏也。从巾，奴声。

王氏筠曰："巾非字，直象鸟尾形而已。《小雅》：'乐尔妻帑。'《左·襄二十八年》传：'以害鸟帑。'孔《疏》：'帑者，细弱之名。于人则妻子为帑，于鸟则鸟尾为帑。妻子为人之后，鸟尾亦鸟之后，故俱以帑为言也。'筠案《疏》说字义，未说字形。当是下形上声。由鸟而起，言人已是借用，再用为帑藏，又细弱之名之引伸，俗谓细软是也。其巾当作巾，三直正齐。汉童谣：城上乌，尾毕逋。逋盖铺也。巾则其尾平铺之状也。……業（业）下云：从巾，巾象版。巾非佩巾，只是象形，与帑同也。然《五经文字》曰：《说文》乃胡反，《字林》以为帑藏之帑。知今本以《字林》改《说文》。惜张氏不引《说文》义。"案王氏之说甚精。然又谓别无它字从巾象鸟者，则尚未免千虑一失。参看不、至二字下说。

市（市） 韠也。上古衣蔽前而已，市以象之。从巾，象连带之形。

白（白） 西方色也，会用事，物色白，从入合二，二会数。

𦣹（𦣹） 古文白。

案 ○ 盖布帛之象，上加一画或两画者，盖象其受采。丹及青之古文，皆以 ▮ 为色。月下云："从冂，二其饰。"亦其例也。

㡀（㡀） 败衣也。从巾，象衣败之形。

案 八八 盖象衣之穿破处。《左氏》"筚路蓝缕"，服《注》言其"缕破蓝蓝然"。八八，象缕破之状也。

儿（人） 天地之性最贵者也。此籀文，象臂胫之形。

案"此籀文"三字，对下古文奇字人而言。

匕（匕） 相与比叙也，从反人，匕亦所以用比取饭，一名柶。

案"匕亦所以用比取饭"，玄应引作"所以取饭也"，知"用比"二字衍也。王氏筠曰："匕字盖两形各义，许君误合之也。比叙之匕从反人，其篆当作 ㇏。部中 卓、幽、印、卓、艮从之。一名柶之匕，盖本作 ⌐，象柶形。与勺篆作 勺 相似，其物本相似也。勺之柄在下，⌐ 之柄在上耳。部中匙、𠤎、顷从之。原《注》：此据𠤎顷也匕头顷也而言，其实顷字仍当属人。它部之从之者，此用此叙义。艮下云匕合也，亦同意。旨、皀、𩰨皆柶义。至于鸟字，则许君牵合之……由此观之，其为两义，较然明白。……乃许君合为一者，流传既久，字形同也。即如篆文 𠦑 𠦒 判然两形，今合之为辛矣。……苟非《说文》尚存，何由知其异哉？由篆变隶，其蔽如此，则由古文递变而为小篆，岂能无一混淆者乎？"案王氏此说，深得字形变迁之理。贸然据今之字形而说造字之初意，其误必多也。

㘽（㐫）匕部　头髓也。从匕。匕，相匕箸也。巛象发，凶象㐫形。

案此字乃从人。作𠤎（匕）者，古形反正不别耳。反、顷、印三字亦然。

卓（卓）匕部　高也。早匕为卓，匕卩为印皆同义。𥣫（卓）古文卓。

案篆文直是古文形变耳。此字构造之意，与京字同。

丘（丘）　土之高也，非人所为也。从北从一。一，地也，人居在丘南，故从北。中邦之居，在昆仑东南。一曰：四方高中央下为丘，象形。

案如后说，则丘非从北从一，是也。丘虚双声。本部：虛（虚），大丘也，昆仑丘即昆仑虚。《易》"升虚邑"，马云："虚，丘也。"四方高中央下，正虚义。盖古只称尼丘为丘，后乃引伸为凡丘之称，而特称四方高中央下者为尼丘耳。本部之㞧，正其后起字也。岳之古文𡶤，隶书作岳，则丘本作凵，正象四方高中央下之形。

壬（壬）　善也。从人士。士，事也，一曰："象物出地挺生也。"

案重字从此。重童同，故物初生曰童，后义是也。

身（身）　䏿也，象人之身。从人，厂声。

案"厂声"《韵会》作"𠨍省声"。此字似系全体象形。𠂉象一手二足，𠃊则特画其胸腹，今所谓胴也。

衣（衣）　依也，上曰衣，下曰裳。象覆二人之形。

衰（衰）衣部　草雨衣，秦谓之萆。象形。𮢶古文衰。

案衮从衣而古文作㒰，盖从衣省也。然则古文衣当作㒰矣。㒰所以象屋室，见前。窃疑衣及衮，初皆非以被体，故造字如此耳。

㒫（裘） 皮衣也。从衣求声。一曰象形，与衰同意。求古文裘。

㝅（考） 老部 老人行才相逮，从老省，易省行象。

案此谓而为行象，盖画两人，状其行才相逮邪？

毛（毛） 眉发之属及兽毛也。象形。

尸（尸） 陈也。象卧之形。

案本部屋（屋）从尸，说云："尸，所主也。一曰尸象屋形。" 䓳部犀、雨部屚下，亦皆云："尸者屋也。"此别为一义。尾（尾）下云："从到毛，在尸后。古人或饰系尾，西南夷皆然。"此犹从人从到毛。尸字之形，本人字横书之也。

尺（尺） 十寸也，人手却十分动脉为寸口，十寸为尺，尺所以指尺规矩事也。从尸从乙，乙所识也。

案此与寸字等之一同，不与甲乙之乙同，说见寸字下。

履（履） 足所依也，从尸，服履者也。从彳夂，从舟，象履形。一曰尸声。

案舟亦足所依，故舟与履古形不别，可见古字之简也。

舟（舟） 船也，象形。

方（方） 并船也。象两舟省，总头形。

𠔉（儿） 仁人也，古文奇字人也。象形。孔子曰："在人下，故诘屈。"

案古文人盖象两股。人之所以异于禽兽者，以其两足直立也。在人下，段依《玉篇》改为"儿在下"盖是。此六字释字形也。本部文六。自兄以下十二部，亦皆从儿，无不在下者。又"仁人也"三字，段删。

又案儿不必指人，如兀（兀）下云："高而上平也，从一，在儿上。"此但以一象高平耳。意与丌近。

𠑒（兒）兒部 孺子也。从儿，象小儿头囟未合。

先（先） 首笄也。从儿，匕象形。

说见女下。

皃（皃） 颂仪也。从儿，白象人面形。

案此字盖初画人面，而后省作白。

兌（兌）兒部 冕也。周曰兌，殷曰吁，夏曰收。从兒，象形。冃或兌字。𩠹籀文兌，从廾，上象形。

兂（兂） 䪜蔽也，从儿，象左右皆蔽形。

案本部兜（兜）下云："兜鍪，首铠也。从兂，从皃省。皃，象人头形也。"则匚⊃似在面之两旁，岂所谓䪜纩塞聪者邪？观兌兜诸字，可想古人饰首之状也。

欠（欠） 张口气悟也。象气从人上出之形。

次（次）欠部 不前不精也。从欠二声。𠕢古文次。

段云："盖象相次形。"案此字与仌字意近。

百（百） 头也。象形。

案頁（页）下云："头也。从百从儿。古文䭫首如此。"盖百为初文，其后更加以儿，亦累增字也。

圙（面）　颜前也。从百，象人面形。

按此二字与自凶字参看，说见彼下。

丏（丏）　不见也。象雍蔽之形。

𩠐（首）　百同，古文百也，巛象发，谓之鬊，鬊即巛也。

案"百同"，《玉篇》引作"与百同"。"古文百也"四字，盖后人注语混入。"谓之鬊"三字，亦系后人注语。而"鬊即巛也"四字，则又"谓之鬊"三字已混作正文之后，后人更以此四字注之者也。

彡（彡）　毛饰画文也。象形。

案谓毛饰及画文，皆以彡为象也。属于毛饰者：如勿，州里所建旗。象其柄有三游。利之古文𥝢，我之古文𢦒皆兵器。是也。须髟等字从彡，象人之发，即𩠐（首）、而（而）、𣏂（𣏂）等亦其类也。彡（勿）、𦏲（羽）、𩃬（䂴）、易（易）诸文，则动物之毛也。属于画文者，如𢀖（工）、肜（彤）等字是也。

弱（弱）彡部　桡也。上象桡曲，彡象毛毪，桡弱也。弱物并，故从二彡。

案弓似弓而不可说为弓。

文（文）　错画也。象交文。

案乂象交文，上加𠆢者，盖象屋，与克录二字参看。

后（后）　继体君也，象人之形，施令以告四方，故厂之，从一口，发号者，君后也。

案说见君下。

卮（卮） 圜器也，一名觛，所以节饮食。象人，卪在其下也。《易》曰：君子节饮食。

案象人指厂，说与后字同。可见后字下"厂之从一"之误。

卩（卩） 瑞信也。象相合之形。

案小徐云："象半分之形。"可与许说相备。象相合之形者，谓其可与他物相合耳。然如此说终属迂曲。窃疑卩卯实一字。卯今读去京切，乃依卿字之音读之。其实卯卪为一字，卯卿非一字也。卯下说云："事之制也。"亦卪义，非卿义。

勹（勹） 裹也。象人曲形，有所包裹。

案此字不说为象包形，而说为象人曲形者，从包言之也。勹包盖实一字。

包（包） 象人裹妊，巳在中，象子未成形也。元气起于子。子，人所生也。男左行三十，女右行二十，俱立于巳，为夫妇。裹妊于巳，巳为子。十月而生。男起巳至寅，女起巳至申。故男年始寅，女年始申也。

案己乃象小儿在胎中形耳，牵合十二支说之，繁而无当。许书说解，详略不伦，亦可见其由博采而成，不加删削也。

鬼（鬼） 人所归为鬼。从儿，象鬼头。鬼阴气贼害，故从厶。

甶（由） 鬼头也。象形。

案此与兑（兑）之籒文所从之 极相似，则是鬼头与人头无别也。窃疑⊕ ⊗等皆非象人面目，乃象冕弁等物。⊕象鬼头，亦象为尸者之饰耳。

㠯（厶） 奸衺也。韩非曰："仓颉作字，自营为厶。"

案今《韩非》营作环，二字古相通假。自营，正说字形也。

山（山） 宣也，宣气，散生万物，有石而高。象形。

案户（石）下云："在厂之下，象形。"此云有石而高，盖本作山，下从〇，上三直象高形也。

岳（岳）山部 东岱，南霍，西华，北恒，中大室，王者之所以，巡狩所至。从山，狱声。岳古文，象高形。

说见丘下。王者之所以句绝；以，用也，言其所用事也。

广（广） 因广为屋。象对刺高屋之形。

案"因广"之广，段改为厂，是。上一直象屋也。

厂（厂） 山石之崖岩，人可居。象形。

案此与又部之反、人部之侯及圹字，意皆相通，说见彼下。即户之作屋义解者亦然。

户（石） 山石也。在厂之下，口象形。

案但画〇形，则将与员之本字混。盖初画石必象石，后渐失画意，乃加厂以为别也。又本部碞、山部岩即一字，所从乃三石字，非品字也，说见岩（岩）下。

磬（磬）石部 乐石也。从石，殸象县虡之形，殳击之也。磬籀文省。硁古文从至。

案籀文为纯象形，篆乃其累增字耳。

㫃（勿）　州里所建旗。象其柄有三游。杂帛，幅半异，所以趣民，故遽称勿勿。𣃦或从㫃。

𣎑（冄）　毛冄冄也。象形。

案此字可与衰字参看。

而（而）　颊毛也。象毛之形。《周礼》曰："作其鳞之而。"

案作其鳞之而，乃下出之意，非谓颊毛也。说见之下。

豕（豕）　彘也。竭其尾，故谓之豕。象毛足而后有尾。㣇古文。

段云："毛当作头四二字，转写之误。馬（马）篆下曰：象马头髦尾四足之形。象（象）篆下曰：象耳牙四足之形。羊（羊）篆下曰：从丫，象四足尾之形。豕首画象其头，次象其四足，末象其尾。"又曰："古文与亥同字……下当有象髦足三字，犹希下云象髦足也，丿象髦，㕚象爪字也。"

希（希）　修豪兽。一曰："河内名豕也。"从彑，下象毛足。𨴯籀文。彖古文。

段氏曰："𠃌者，象其髦也。""朩象足。"案籀文又加𠘨，盖取修豪之意。篆文从彑，古文从巾，巾亦可为禽兽之象也。说见巾下。

彑（彑）　豕之头。象其锐而上见也。

案糸部彝（彝）："宗庙常器也。从糸，糸基也，廾持之，米器中实也，彑声此与𣪡相似。"段氏依《韵会》

改彑声为从彑象形，云："彑者豕之头，锐而上见也。爵从鬯又，而象雀之形；彝从糸米廾，而象画鸟兽之形，其意一也。故云与爵相似。"

👤（彘）彑部　豕也，后蹄废，谓之彘。从彑，矢声，从二匕，彘足与鹿足同。

👤（豙）彑部　豕也。从彑，下象其足。读若瑕。

案小徐本，此为象之古文。

👤（豸）　兽长𦟝，行豸豸然，欲有所司杀形。

👤（㲋）　如野牛而青象形，与禽离头同。👤古文从儿。

案此字目录作㲋，盖是。㲋乃转写形讹也。"与禽离头同"句，禽下亦见之。👤👤意亦与头会㲋盖之凶意近。

👤（易）　蜥易，蝘蜓，守宫也。象形。《秘书》说曰："日月为易。"象阴阳也。一曰："从勿。"

👤（象）　长鼻牙，南越大兽，三年一乳。象耳牙四足之形。

👤（马）　怒也，武也。象马头髦尾四足之形。👤古文。👤籀文，马与影同，有髦。

案古文与昴同意，加彡示毛意耳。篆形古籀无别，段据《玉篇》改籀为影。

👤（馽）马部　马一岁也。从马，一绊其足。读若弦。一曰若环。

👤（䮻）马部　马后左足白也。从马，二其足，读若注。

👤（馽）马部　绊马也。从马口其足。《春秋传》曰："韩厥执馽前。"

👤（廌）　解廌，兽也，似山牛，一角，古者决讼，令触不直。象形，从豸省。

㲋（鹿） 兽也。象头角四足之形，鸟鹿足相似，从比。

㲋（㲋） 兽也，似兔青色而大。象形，头与兔同，足与鹿同。㲋 籀文。

兔（兔） 兽名。象踞，后其尾形，兔头与㲋头同。

犬（犬） 狗之有县蹄者也。象形，孔子曰：视犬之字，如画狗也。

   案此字横写之成 形，即如画矣。

犮（犮）犬部 犬走皃。从犬而丿之。曳其足则剌犮也。

鼠（鼠） 穴虫之总名也。象形。

  小徐曰："上象齿，下 象腹爪尾，鼠好啮伤物，故象齿。"

火（火） 毁也，南方之行，炎而上。象形。

囱（囱） 在墙曰牖，在屋曰囱。象形。

大（大） 天大地大，人亦大，故大象人形。古文大也。

  案"古文大也"，小徐作"古文人也"，是。此象人正面形，人字象侧面形也。䀠部奭（奭），"目衺也。从䀠部，从大。大，人也"。厶部厽（厽）："人相违也。从大，厶声。"皆以大为人。大字上加一画则为天；天者，人之颠也。上加以屈画象头，而下去其一画则为子，以大字下象人足，而小儿足未能分立也。

亦（亦） 人之臂亦也。从大象两亦之形。

  案此字之构造，与寸相似。

夹（夹）亦部 盗窃怀物也。从亦有所持。俗谓蔽人俾夹是也。弘农陕字从此。

案本部🀰（奏）："奏进也，从廾，从中，中上进之意。"其古文作🀰，作🀰，从亦象物，与此同。

- 𠘧（矢） 倾头也。从大，象形。
- 𠓝（夭） 屈也。从大，象形。
- 𠘧（交） 交胫也。从大，象交形。
- 𠘧（允） 㐬，曲胫也。从大，象偏曲之形。

案以上四字，皆从大而小变其形。

- 壺（壶） 昆吾圜器也。象形，从大，象其盖也。

案"大象盖"之大，非象人之大。盖、盍二字古相通。盍之上体，盖亦象其盖。

- 亢（亢） 人颈也。从大省，象颈脉形。

说见乙字下。

- 亣（亣） 籀文大。改古文，亦象人形。
- 夫（夫） 丈夫也。从大一，一以象先。
- 囟（囟） 头会䐃盖也。象形。𦠜或从肉宰。𠙴古文囟字。

段曰："《内则正义》引此云：囟，其字象小儿脑不合也。按人部儿下亦云：从儿，上象小儿头脑未合也。《九经字样》曰：《说文》作囟，隶变作囟，鼹脑等字从之，细思等字亦从之。考梦英书偏傍石刻作囟，宋刻书本皆作囟。今人楷字讹囟，又改篆体作囟，所谓小儿脑不合者，不可见矣。"

- 𪖈（䶄）囟部 毛䶄也。象发在囟上，及毛发䶄䶄之形也。此与籀文子字同。

案据子部，则籀当作古。

（心）　人心，土藏，在身之中。象形。博士说以为火藏。

（水）　准也，北方之行。象众水并流，中有微阳之气也。

案此字亦当横看，成水纹。皿部（益）、瀕部（齂），水皆横书。

（渊）水部　回水也。从水，象形，左右岸也，中象水皃。或省水。古文从口水。

案或体为本字，渊则累增字也。

（く）　水小流也。《周礼》匠人为沟洫。耜广五寸。二耜为耦。一耦之伐。广尺深尺谓之く，倍く谓之遂，倍遂曰沟，倍沟曰洫，倍洫曰巜。（畎）古文く。从田川，田之川也。（甽）篆文く。从田，犬声，六甽为一亩。

段曰："古文疑当作籀文，盖く、巜皆古文也。"

（巜）　水流浍浍也。方百里为巜，广二寻，深二仞。

（川）　毌穿通流水也。《虞书》曰：濬く巜距川，言深く巜之水，会为川也。

（州）川部　水中可居者曰州，周绕其旁。从重川。古文州。

案此以中央之空处为象，非重川也。古文左右亦为岸，与渊字同。

（泉）　水原也。象水流出成川形。

（永）　水长也。象水巠理之长。永也。《诗》曰：江之永矣。

案此亦曳长其画，别成一字者。

⾕（谷）　泉出通川为谷。从水半见，出于口。

　　案此与𠔌皆水之残文，亦⼭米之例也。

仌（仌）　冻也，象水凝之形。

　　段曰："象水初凝之文理也。"案水部："泰，滑也。𠔏古文泰如此。"盖从大在仌上。滑之意也。

雨（雨）　水从云下也。一象天，冂象云，水霝其间也。𩁹古文。

　　案《玉篇》古文作𩂣，盖𩁹省为𩂣，后又加一。

靁（雷）雨部　阴阳薄动，雷雨生物者也。从雨，畾象回转形。𩂩古文靁。𩆐古文靁。䨻籀文靁。闲有回；回，雷声也。

　　案回正所以象回转形。乃《说解》谓畾象回转形，转说回为雷声，可疑也。

雹（雹）雨部　雨仌也。从雨包声。䨋古文雹。

　　案古文盖象雹形。

霝（霝）雨部　雨零也。从雨，皿象霝形。《诗》曰：霝雨其蒙。

　　案皿不可象霝形，盖古字镂空填实不分，皿本作三点，后乃镂空书之也。

雲（云）　山川气也。从雨，云象云回转之形。云古文省雨。𠃉亦古文云。

　　案云乃𠃉之倒变，云则累增字也。

魚（鱼）　水虫也。象形。鱼尾与燕尾相似。

　　案本部鱻（鱻）之籀文作𩶖，字体小异。

（燕）　玄鸟也。籋口布翄枝尾，象形。

（龙）　鳞虫之长，能幽能明，能细能巨，能短能长，春分而登天，秋分而潜渊。从肉飞之形，童省声。

案此字之右半为象形。⺂象其体，三画示飞之意也。

（飞）　鸟翥也。象形。

（非）　违也。从飞下翄，取其相背也。

（卂）　疾飞也。从飞而羽不见。

案非卂皆取飞字之半，亦⺃⺋之类也。合此三文观之，则知飞字以⺁象鸟身、㐅象翄矣。

（乙）　元鸟也。齐鲁谓之乙，取其鸣自呼。象形。

案此可与西字参看。更略之，即成古文于矣。

（不）　鸟飞上翔不下来也。从一；一，犹天也，象形。

（至）　鸟飞从高下至地也。从一；一，犹地也，象形。不上去而至下来也。𡈼古文至。

案𡈼为鸟倒之形，倒书之即成。古文成，上画象首，旁画象翄，后象其身及尾，篆文略去首画也。不字之，亦象鸟形。

（西）　鸟在巢上也。象形。日在西方而鸟西，故因以为东西之西。古文西，籀文西。

案⊗象巢，⺄象鸟，与乙颇近。古籀文之卜盖形讹，当如古文于。

（卤）　西方咸地。从西省，象盐形。

段云："省字衍。此承上文西部，从之籀文也。"案此字恐非从西，直象咸地形耳。

⼾（户）　护也。半门曰户，象形。

门（门）　闻也。从二户，象形。

案古文字正反不别。从二户者，谓从户形者二，非谓从二训护之户字也。故仍可说曰象形。若谓从二户字，则语不可通矣。此亦《说解》中必出非字之例。

開（开）门部　张也。从门，从开。𨳿古文。

"从开"，小徐作"开声"，段氏从之。然段说古文云："一者象门闭；从𦥑者，象手开门。"

此与辟之古文作𨳿同意，则开似門之形变也。一所以横距门，闭字之才，则立木以距门。

閉（闭）门部　阖门也。从门才，所以距门也。

耳（耳）　主听也。象形。

"主听也"，段补"者"字，作"主听者也"。

耴（耴）耳部　耳垂也。从耳下垂，象形。《春秋传》曰：秦公子取者，其耳垂也，故以为名。

臣（臣）　颐也。象形。頤（颐）篆文臣。𩠾籀文从首。

案此字之初，盖画人侧面形。

手（手）　拳也。象形。𠂿古文手。

巠（巠）　背吕也。象胁肋形。

段云："丨象背脊，居中而直。一象人要，𠆢𠆢则象背左右胁肋之形也。"

女（女）　妇人也。象形。王育说。

案此字亦与"大"近。女母字加两点，则象乳也。又案姻从女从因，籀文姻从䏰，而其形作䏰，则籀文女作𠨰也。奴从女从又。𰀀古文奴从人，似民字减一画。

- 𡚱（妻）女部　妇与夫齐者也。从女，从屮，从又。又，持事，妻职也。𡚱古文妻，从肖女，肖古文贵字。

　　案𠂇即屮，说见屮下。

- 𣭉（母）女部　牧也。从女，象裹子形。一曰："象乳子也。"

- 𣭉（毋）　止之也。从女，有奸之者。

- 𠂇（民）　众萌也。从古文之象。𢆯古文民。

- 丿（丿）　右戾也。象左引之形。

　　案部中凡三文：乀，"左戾也。从反丿，读与弗同"。弗（弗），"矫也。从丿从乀。从韦省"。乂（乂），"芟草也。从丿乀相交。"乀与弗似一字，而丿乀音亦相近，疑三字仍系一字。

- 厂（厂）　抴也，明也。象抴引之形。

　　案此与抴似一字，犹丿弗一字也。争字盖从爫从厂。

- 𢦏（弋）厂部　橛也。象折木邪锐着形，从厂，象物挂之也。

- 𠃉（也）乁部　女阴也。从乁，象形，乁亦声。𠃉秦刻石也字。

　　案"秦刻石也字"，今存《琅邪碑》如此。《颜氏家训》载秦权亦然。

- 氏（氏）　巴蜀名山，岸胁之自旁箸欲落堕者曰氏，氏崩声闻数百里。象形。

　　案E即横山，象形指𠂆，此字亦当横看。

- 戈（戈）　平头戟也。从弋，一横之，象形。

附：说文解字文考 / 229

案此与刃类，其本形疑当作 木。

(我) 施身自谓也。或说我，顷顿也。从戈乎；乎，古文 垂也。一曰："古文杀字。" 古文我。

案乎即训草叶之 也。古文我盖与古文利同意。

(亅) 钩逆者谓之亅。象形。

(琴) 禁也，神农所作。洞越，练朱五弦，周加二弦。象形。 古文珡，从金。

(乚) 匿也。象迟曲隐蔽形。

(无) 亡部 奇字无，通于元者。王育说：天屈西北为元。

(匚) 受物之器。象形，读若方。 籀文匚。

案此盖方圆之方之正字。

(曲) 象器曲受物之形，或说曲蚕薄也。 古文曲。

案此即籀文匚字仰之耳。

(甾) 东楚名缶曰甾。象形。 古文。

案此字之造法，亦与缶类。

(瓦) 土器已烧之总名。象形。

(弓) 以近穷远。象形。

(弹) 弓部 行丸也。从弓，单声。 (弓)，弹或从弓持丸。

案或体《汗简》引作 ，段据改。

(糸) 细丝也。象束丝之形。 古文糸。

(绝) 糸部 断丝也。从糸从刀，从卪。 古文绝，象不连体绝二丝。

(率) 捕鸟毕也。象丝罔，上下其竿柄也。

㕣（虫）　一名蝮，博三寸，首大如擘指，象其卧形。物之微细，或行，或毛，或蠃，或介，或鳞，以虫为象。

案"或行"下《尔雅释文》有"或飞"二字，是也。今本盖夺。

𩇞（蚰）虫部　毒虫也。象形。

𜸀（蜀）虫部　葵中蚕也。从虫，上目象蜀头形，中象其身蜎蜎。

蠲（蠲）虫部　马蠲也。从虫目，益声，𠃑象形。

蠱（蠱）虫部　虫食草根者。从虫象其形。吏抵冒取民则生。

桂氏馥曰："当云矛声，本从古文矛，传写讹缪，后人不识，遂改谐声为象形。"王氏筠曰："象形，《韵会》引作𢀖象形。"案𢀖盖古蟊字。

凬（风）　八风也。东方曰明庶风，东南曰清明风，南方曰景风，西南曰凉风，西方曰阊阖风，西北曰不周风，北方曰广莫风，东北曰融风。风动虫生，故虫八日而化。从虫，凡声。𠙈古文风。

案此说解殊属牵强，古文风亦未知其意。

它（它）　虫也。从虫而长，象冤曲垂尾形。

龜（龟）　旧也，外骨内肉者也。从它；龟头与它头同；天地之性，广肩无雄，龟鳖之类，以它为雄。象足甲尾之形。𪚲古文龟。

黾（黾）　䵶黾也。从它象形，黾头与它头同。𪓑籀文黾。

卵（卵）　凡物无乳者卵生。象形。

二（二）　地之数也。从偶。弍古文。

案"从偶",小徐作"从偶一"。二之所象亦多,见一下。

土（土）　地之吐生万物者也。二象地之下,地之中,丨物出形也。

圸（凷）土部　墣也。从土,一屈象形。

案"从土,一屈象形",小徐作"从土凵,凵屈象形"。

田（田）　陈也,树谷曰田。象四口十,阡陌之制也。

案"象四口十",段注依《韵会》引作"象形"。段注又以从口从十非许意,改为"口十,千百制也"。

畴（畴）田部　耕治之田也。从田,象耕田沟诘屈也。畴或省。

案口部（鸮）下云："古文畴。"畴者累增字。

力（力）　筋也,象人筋之形。

金（金）　五色金也,黄为之长,久薶不生衣,百炼不轻,从革不违,西方之行。生于土。从土。左右注,象金在土中形。今声。古文金。

鎗（鎗）金部　酒器也。从金,象器形。鎗或省金。

案鎗亦累增字。

勺（勺）　挹取也。象形。中有实,与包同意。

几（几）　踞几也。象形。

且（且）　荐也。从几,足有二横,一其下地也。古文以为且,又以为几字。

案古文几当同篆文,下加一画,则同且矣。此可见随意增画之例，由来已久，后人说之，则为形借矣。

斤（斤） 斫木也。象形。

斗（斗） 十升也。象形。有柄。

斝（斝）斗部 玉爵也。夏曰琖，殷曰斝，周曰爵。从斗，冂象形，与爵同意。

升（升）斗部 十龠也。从斗，亦象形。

矛（矛） 酋矛也，建于兵车，长二丈。象形。𠄰古文矛，从戈。

案古文为累增字。

車（车） 舆轮之总名也。象形。𨎌籀文车。

案𠦄为车之累增字，籀文好繁复，又重之也。

軎（軎）车部 车轴端也。从车，象形。杜林说。

𠂤（𠂤） 小𠂤也。象形。

案本部𡱂（官），"吏事君也。从宀𠂤，𠂤犹众也，此与师同意"。𠂤（师）下云："𠂤众意也。" 𠂤无众意，官乃古宫字耳。

阜（阜） 大陆，山无石者。象形。𨸏古文。

案ooo乃石象，既云无石，不应有此。陈之古文作𨹖，陆之籀文作𨽥，则古籀皆无ooo也。抑ooo即累坡、土之𠫰，象其无石而有土邪?

𠫰（厽） 絫坡土为墙壁。象形。

四（四） 阴数也。象四分之形。𠭿古文四如此。𠀖籀文四。

案四不可云四分。孙氏诒让《名原》谓惟邵钟作☒，乃合。许君四分之说，于形义并未切。案四分非指四字中间之空白，乃指其笔画耳。𠔼即三之形变，四又𠔼之形变。𠔼之⌒虽内向，而八有相背之意，与八字同。其初⌒亦或作两画外向，则改三之横画为分背之形，所谓四分也。至𠔼之形与六相似，窃疑六初本作𠕒，乃三字纵书之，加一为五，再加丨为六耳。又或六之𠔼即X之变，而上加一、为六也，此与罗马记数之法相近。

丩（宁） 辨积物也。象形。

案本部𥠖（𥠖），"帻也。巾部帻戴米𥠖也。所以载盛米。从宁，从甾。甾，缶也"。似丩之累增字。

𢆶（叕） 缀联也。象形。

案本部仅一缀字，亦𢆶之累增字也。

（亚） 丑也。象人局背之形。贾侍中说以为次弟也。

案此象两人相对形。上有一，即《诗》谓天盖高不敢不局之意，下一画则配上画，取整齐耳。

Ⅹ（五） 五行也。从二，阴阳在天地间交午也。X古文五如此。

𠔼（六） 易之数，阴变于六，正于八。从入从八。

说见四下。

㐅（七） 阳之正也。从一，微阴从中邪出也。

案此字之意，与屯字近。

九（九） 阳之变也。象其屈曲究尽之形。

内（内） 兽足蹂地也。象形，九声。

禽（禽）内部 走兽总名。从厹，象形，今声。禽离兕头相似。

离（离）内部　山神兽也。从禽头，从厹，从中。欧阳乔说："离，猛兽也。"

> 大徐曰："从中义无所取，疑象形。"案说见中下。

禹（禹）厹部　虫也。从厹，象形。

禹（禹）厹部　虫也。从厹，象形。𠫺古文禹。

> 按《汉书·艺文志》："大命三十七篇，传言禹所作。"颜注："命古禹字。"

𤢖（𤢖）厹部　周成王时，州靡国献𤢖。人身反踵，自笑。笑即上唇掩其目。食人，北方谓之土蝼。《尔疋》云："𤢖𤢖如人，被发，一名枭阳。"从厹，象形。

禼（禼）厹部　虫也。从厹，象形。读与偰同。𥝈古文禼。

嘼（嘼）　牶也。象耳、头、足厹地之形。古文嘼下从厹。

> 案此篆脱说存也，当有𤢖篆。

甲（甲）　东方之孟，阳气萌动。从木戴孚甲之象。大一经曰："人头空为甲。" 𤰒古文。甲，始于一，见于十，岁成于木之象。

> 案干支二十二名，义最纷歧，而其说实最古。然以十干为人身之象，说确近古，甲即兕之上体，𠔼象头空，丁则乙之变，象颈。人乃覆下之象，说见玄下。冕弁之类，与人体无关。去古文之人及丁即成𠔼，与子字之上体同矣。日部：早（早），"晨也，从日在甲上"。戈部：戎（戎），"兵也，从戈甲"。皆以甲为头。木部，枿之古文𣏄，则甲之倒文也。

乙（乙）　象春草木冤曲而出，阴气尚强，其出乙乙也，与丨同意。乙承甲，象人颈也。

  案乙即㔿字中之丁。㔿实当但作㇀，作㔿即已包甲乙二字矣。又案亢（亢）下云："人颈也，从大省，象颈脉形。"其说殊误。亢乃㔿之变，变丁为几，即成亢字矣。盖乙象人颈，初本作几，合㇀丁二字，当作㕣也。

丙（丙） 位南方，万物成炳然，阴气初起，阳气将亏。从一入冂。一者，阳也，丙承乙，象人肩也。

  案丙即㔿甲乙二字之合。之变。亦可证乙本当作冂。象肩只谓冂耳。合甲、乙、丙三字书之，当作㕣也。

丁（丁） 夏时万物皆丁实。象形。承丙，象人心。

  案此为丙丁二字之合。人即丙之冂。丨，金文或作●，亦作●，象心也。

戊（戊） 中宫也。象六甲五龙相拘绞也。戊承丁，象人胁。

  案此字转变而失原形已久。以意度之，合丙丁戊三字当作㐭，人为丙丁之合，今变为弋，八则戊字所谓象人胁也。

己（己） 中宫也。象万物辟藏诎形也，己承戊，象人腹。㠱古文己。

  案此象人肠耳。诎上疑脱诘字。

巴（巴） 虫也。或曰："食象它。"象形。

庚（庚） 位西方，象秋时万物庚庚有实也。庚承己，象人齌。

辛（辛） 秋时万物成而熟，金刚味辛，辛痛即泣出。从一从䇂。䇂，辠也。辛承庚，象人股。

案庚辛二文，讹变而失原形亦久。然仍有可推者。庚，《积古斋》商庚觯作禹；金刻或作甫，干者大之变；干则甲、乙、丙、丁四字之合。上•象头空，即甲字之凸，一即丙，丨则乙及丁也，特其下端不当歧而二之耳。○象斋，冂象两股，变禹之木为干、冂为凵，即成干字。金文辛有如此者，即《说文》亦云从辛从一，明一为后加也。

王（壬） 位北方也。会极易生，故《易》曰："龙战于野。"战者，接也。象人裹妊之形。承亥壬以子生之叙也。壬与巫同意。壬承辛，象人胫；胫，任体也。

案此字金文或作王，当横观之，实象男子势也；壬男双声。谓象人胫者误。许书说解，多采旧文，曰"阴极阳生"，曰"龙战"，曰"裹妊"，皆指阴阳交媾之事，其指男女具，意亦隐约可见。妊壬一字，裹妊固由交接而起也。

燊（癸） 冬时水土平，可揆度也。象水从四方流入地中之形。癸承壬，象人足。𦥽籀文癸，从癶从矢。

案"从矢"小徐作"矢声"，则癸字本当作癶，象人两足也。然燊字当更古于癶。何者？此乃兼象手足之形，故四之。然则以𠂇ヲ等象手，以足止等象足，乃后来之别。其初则象手足之字无别矣。故古文手之意与ヲ通，说见手下。

孚（子） 十一月阳气动，万物滋，人以为偁。象形。𢀇古文子，从巛，象发也。𥤕籀文子，囟有发，臂胫在几上也。

附：说文解字文考 / 237

案子乃象小儿之形，说见大下。

𠃉（了） 𡲵也。从子无臂，象形。

𢀖（子）了部　无右臂也。从了，乚象形。

𢀗（子）了部　无左臂也。从了，𠃑象形。

案此部三字，皆乚𠃑之例。

𠫓（𠫓） 不顺忽出也。从到子。《易》曰："突如其来如，不孝子突出，不容于内也。"𠫓即《易》突字也。

案此乃灶突之突之本字，说见辵下。

丑（丑） 纽也。十二月万物动，用事。象手之形。时加丑，亦举手时也。

案丑手形类。又本部𦠆（胆）："食肉也。从丑肉，丑亦声。"羞（羞）："进献也，从羊，羊所进也。从丑，丑亦声。"皆以丑为手也。

寅（寅） 髌也。正月阳气动。去黄泉，欲上出。阴尚强，象冖广不达，髌寅于下也。𡨳古文寅。

卯（卯） 冒也。二月万物冒地而出，象开门之形，故二月为天门。𩇨古文卯。

案此两卢相背之形，参看门字。

辰（辰） 震也。三月阳气动，雷电振，民农时也。物皆生，从乙；匕象芒达。厂声也。辰房星天时也。从二。二，古文上字。𠨷古文辰。

巳（巳） 巳也。四月阳气已出，阴气已藏，万物见，成文章，故巳为蛇。象形。

己（目） 用也。从反巳。贾侍中说："巳意，巳实也，象形。"

个（午） 啎也。五月阴气午逆，阳冒地而出。此与矢同意。

王氏筠曰：午盖古文之杵字，象形字也。故舂字从之。

米（未） 味也。六月滋味也。五行木老于未，象木重枝叶也。

案此乃木加︺，故曰重枝叶也。

申（申） 神也。七月阴气成，体自申束，从臼，自持也。吏以餔时听事，申旦政也。ⓢ古文申。𦥔籀文申。

段改古文作ⓢ，云："虹陈篆下如此。"然电从雨申声，古文作𦥔。又部ⓢ（曼）下亦曰：𦥔古文申。段氏于"神也"云"神不可通"。又引"或曰神当作身，下云阴气成体。《释名》《晋书·乐志》《玉篇》《广韵》皆云申身也。许说身字从申省声，皆其证。此说近是。然恐尚非许意"。案本部𢍮（臾）："束缚捽抴为臾曳。从申从乙。"当作反厂之。曳（曳）："臾曳也，从申丿声。"大部：奄（奄），"覆也，大有余也，又欠也，从大申，申展也"。并申为身之证。

酉（酉） 就也。八月黍成，可为酎酒。象古文酉之形也。丣古文酉，从卯，卯为春门，万物已出；酉为秋门，万物已入，从一丣，闭门象也。

案一丣为闭门象，故开之古文作閞也。

亥（亥） 荄也。十月微阳起，接盛会。从二。二，古文上字也，一人男，一人女也。从乙，象裹子咳咳之形也。《春秋传》曰：亥有二首六身。𠅃古文亥，亥为豕，与豕同。案亥即豕之古字，咳字从之得声。